# 老いない愛と性

豊かな高齢期を生きる

林 春植 著
宣 賢奎・住居 広士 翻訳

大学教育出版

# はじめに

老いていく姿は同じように見えるが、人それぞれである。誰もが夢見る理想的な老後は、健やかに老いることと、生が尽きるその日まで平安に生きることであろう。しかし、急速な少子高齢化とともに訪れた長い老後の人生は、決して楽しいだけのものではない。多くの高齢者が早期退職と子どもの独立、配偶者との死別などといった生活環境の急変のなかで、以前より大きな孤立と疎外感を感じながら生きている。

長寿社会において長い老後を過ごすことになった高齢者の最大の不安は、一人暮らしの難しさと寂しさもある。元気で健やかな高齢者を独りきりで過ごさせることは、一種の身体的・精神的な「拷問」といってよい。老後の孤独は決して他人事ではない。自分の両親の問題、ひいては自分自身の問題にもなるからである。

筆者には、若いときに独りきりになった八〇歳を超えた母がいる。母がもう少し若かった頃、母に再婚を勧めたことがあるが、家族から「とんでもないことを言うな」とこっぴどく怒られた記憶がある。超高齢社会における高齢者の愛と性の問題は、高齢者福祉の核心的な部分ではあるが、高齢者の愛と性に対する韓国社会の認識はかなり低い。今も、筆者が母の再婚問題を口にして兄弟姉妹や親戚に怒られた二十数年前とほとんど状況は変わっていない。そのため、「愛と性の世界」から引退したと思われている韓国の大多数の高齢者は、仕方なく自らの孤独を噛み締めながら寂しさに耐えている。

人間の愛と性に対する関心と興味は、生まれたときから死ぬまで続く。高齢者にとっても適切な愛と性の生

活は生きる活力の源であり、健康的な生活の原動力となる。高齢者の愛と性は、もはや閉ざされた闇の世界の問題ではない。光のある明るいところで忌憚《きたん》なく議論されなければならない。これ以上、高齢者の愛と性を抑圧したり否定したりしてはならない。

本書は、高齢者の愛と性に対していまだに時代錯誤的な考え方をもっている人びとの意識を変えるために執筆したものである。これからは、高齢期を孤独と疎外の時期、愛と性から引退した時期としてとらえるのではなく、成熟した愛と性を享受する時期ととらえ、若いときからそのための準備をしなければならない。年齢は数字にすぎない。年齢に縛られず、果敢に老後の人生を謳歌《おうか》しようではないか。

最後に、本書の発刊にあたり、物心両面にわたりご尽力いただいた東亜日報社の金載浩《キムジェホ》(김재호)社長ならびに編集の方がたに感謝の意を表したい。

二〇〇八年九月

林《イム》 春植《チュンシク》(임춘식)

# 翻訳者のはしがき

洋の東西を問わず、愛と性は男女の密かなるものとして社会的に表立って公開することが許容されにくい側面がある。なかでも高齢者の愛と性に関しては、世間では語ること自体、憚《はばか》られている傾向が強い。そのためか、一九四八年に「キンゼイ報告（Kinsey Reports）」が公表されるまでは、老化に関連する愛と性の社会科学的な研究はほぼ皆無であった。その後、愛と性に関連する学問的な研究は徐々に増えてはいるが、他の研究分野に比べてまだ相対的に少ない。特に愛と性は無残に枯れるものであるという短絡的な発想から、高齢者の愛と性は恥ずべきものであるという認識が強く、それらに関する研究はあまり進んでいない現状にある。

最近の諸研究によると、高齢者の愛と性は身体的な満足だけでなく、精神的な安定をもたらす効果があり、生活の質を高め、人生を豊かにして健やかな老後の生活などにも役立つことも明らかになっている。したがって、高齢者が心身ともに満足し安定した高齢期を過ごせるように、高齢者の愛と性に対する否定的な態度を改めて、できる限り長寿社会においては相互にそれを理解をすることが望まれている。しかし、特にアジア社会では古くから高齢者の愛と性に対する偏見や蔑視ならびに男尊女卑の習慣が依然として根強い。加えて、人口の少子高齢化に伴う核家族化から高齢者の単独世帯が増え、さらに配偶者の死去や未婚に伴う独居老人も増えて、高齢者の肩身も狭くなり、ますます寂寥《せきりょう》感や孤独感へと追い込まれている。そのうえ、高齢者自身の愛と性に対する古い道徳観の押しつけや自己抑制、家族や社会の無理解、格差のある脆弱《ぜいじゃく》な経済力、愛と

性に関する専門相談機関やその専門家の不足など、高齢者同士が家族や社会からも望まれる形での愛と性の生活を実現するには多くの障壁が立ちはだかっている。

高齢者の愛と性を奨励し、恋愛や再婚をみだりに勧めるわけではないが、高齢者同士がそれを望むのであれば、やみくもに反対するのではなく、人間らしい生き方の姿として長寿社会においては可能な限りの相互理解をする必要があろう。高齢者の健やかな老後の実現だけでなく、高齢者福祉の増進という側面からも積極的に取り組むことが望まれる。

本書が発信しているメッセージは、高齢者の愛と性に対する偏見や否定的な見解の是正、そして豊かな老後を実現するための高齢者自身の愛と性による相互扶助に集約されるであろう。儒教的あるいは宗教的な禁欲の性道徳が何かと強調されている韓国において、高齢者の愛と性に対する禁忌《きんき》を打ち破る本書が出たのは驚きであろう。韓国の高齢者福祉研究の第一人者である著者の林《イム》 春 植《チュンシク》氏は、韓国老人福祉学会の創設者であり、高齢者福祉に関する学術書だけでなく、詩人・作家としても多くの作品を世に送り出している。本書は古今東西の多くの書物や事例を活用しながら高齢者の愛と性について理論的かつ実践的に論じているが、著者の繊細な表現が随所に感じられ、魅惑的な高齢期を期待させる内容となっている。二〇〇八年秋、東京のある国際会議の席で著者からとても興味深い本書をご案内いただき、できれば本書を日本の方にも読んでいただきたいという思いから、著者に日本での翻訳出版を持ちかけたところ、二つ返事で快諾してくださった。

あれから約三年、われわれの思いがようやく実現することとなった。日本での本書の翻訳出版は、多くの方がたのご協力なしには成し得なかった。本書は元原稿をただ単に直訳したものではなく、日本の状況にも合わせて著者と相談しながら一部改訂や加筆をしたものである。その際に、可能な限り医学的な見地やジェンダー

やエイジズムの視点および研究倫理に配慮しながらも翻訳校閲しているが、至らぬ点については読者のご指導とご鞭撻をお願いしたい。なお、本文中に紹介する年齢等は、韓国での出版時（二〇〇八年）のままである。最終になるが、出版をお引き受けいただいた大学教育出版社長の佐藤守さまと懇切丁寧なご編集をいただいた安田愛さまに心より感謝申し上げる。

二〇一一年四月

翻訳者一同

# 推薦のことば

真面目なお話だけが載っていそうな聖典には意外と愛と性に関する内容が多い。例えば、愛と性を「生命の川」に喩《たと》えたくだりを読んでみよう。

「川は時として洪水を起こしてあらゆるものを破壊したりするが、時にはさまざまな果実を実らせるので、愛と性はこの世になくてはならないものでもある」

このようなことわざもある。

「愛と性は生命の創造のための行為なので、これなしには決して生命を成就《じょうじゅ》させることはできない」

創造的行為としての愛と性、この世になくてはならない愛と性。このように、人間にとっては非常に重要な意味をもつ愛と性を、私たちの韓国社会は若者だけの特権であると思う傾向がある。それで、高齢者は男性でも女性でもない単なる無性《むせい》の存在として認知され、たとえ高齢者に愛と性の欲求があっても排除してしまえばよいと思われてきた。愛と性に興味を示す高齢者がいたら、彼らは直ちに「年甲斐もなくみっともない」と世間から責め立てられる。

このような高齢者の愛と性に対する韓国の社会的偏見のため、多くの高齢者は自らの愛と性の欲求を自然に表現し甘受することもできずに、愛と性の禁欲生活を韓国社会から強いられている。子どもが傍にいると、夫婦は同じ布団やベッドで寝ることさえ照れくさがる。自分が連れ合いに先立たれて孤独な生活をしていても、

子どもたちや周りに気を遣って再婚の話を切り出すことがほとんどできない。

このような状況のなか、韓国の老人福祉の第一人者である林春植（임춘식）博士が、高齢者の愛と性の問題を真正面から捉えた本書を東亜日報社から二〇〇八年に出版した。私を含めて世間はあっと驚いた。「猫の首に鈴をつける」ということわざのように、高齢者の愛と性について真実を語ることは、誰かが必ずやらなければならないことであった。しかし今まで、誰もそれに対して勇気を出せずに放置していた。いくら彼が老人福祉の専門家だとしても、高齢者の愛と性の真実を語るのはそれほど簡単ではなかったはずである。

しかし、彼はそれを躊躇《ちゅうちょ》しなかった。彼は、高齢者の愛と性の問題にそっぽを向くことは高齢者に対する人権侵害でもあり、社会的な現代版「高麗葬（日本でいう姥捨《うばすて》山）」であると力説している。また、愛と性的な欲求は枯渇することのない人間の生存に向けた本能であり、このような本能があるということは人類が生存しているという根拠であるという。彼はさらに、老化に伴う最大の敵の一つである孤独と寂しさも軽減でき、すべての人びとの夢である健康寿命を豊かにする方法の一つとして「高齢者の愛と性」について率直に語り合おうと呼びかけている。本書からは高齢者の愛と性に対する彼の意気込みがひしひしと伝わり、われわれの心と身体が救われる思いがする。

本書は、古今東西のさまざまな研究結果等に基づきながら、高齢者の愛と性に対する社会的偏見や誤解を払拭《ふっしょく》してくれる良書である。例えば、旧ソ連の長寿研究委員会の報告書によると、六〇歳まで愛と性の生活を続けてきた人びとは八～一〇年間寿命が延長されるという。六〇～八〇歳の間は性欲が一時的に減少するも、八〇歳を過ぎるとむしろ性ホルモンの量に比して性欲が増し、九〇歳代は五〇歳代と同じ比率になると報告している。高齢期に一か月以上にわたり性欲を抑え続けると、かえって健康に悪影響が出る場合があるとい

うのだから、高齢期の性生活が寿命を縮めて健康を害するという巷《ちまた》の噂は誤りである場合があるといえる。

何より、「大田《テジョン》老人の電話」の代表でもあり、老人福祉施設「平和《ピョンファ》の家」の施設長などを歴任した彼が著者として本書を執筆したことに意義がある。本書に出てくる高齢者の率直な生の声は、老人福祉現場の第一線で高齢者と関わってきた著者だからこそ世間から拾い上げることができたのであろう。「一〇人の親孝行者より悪妻がマシだよ。若者は私に『もう年なんだからわがまま言わないで』と言うかもしれないが、私も人間だからやはり寂しいのは皆と一緒だよ」と語るある高齢男性の声からも、韓国社会で高齢者の置かれている現実を垣間見ることができよう。

本書では日本に向けて、高齢期の愛と性の生活、熟年離婚を避ける方法、一人暮らし高齢者にとっての熟年再婚の必要性など、愛と性を枯らすことなく、豊かな高齢期を過ごすための具体的な提言を行っている。老父母の面倒を見ている子どもやこれから高齢期の生活を準備する人びとにも大変参考になる良書である。ここに、本書を高齢社会に向けてご推薦申し上げる。

韓国政府（前）保健福祉部長官（注：日本政府の厚生労働大臣に相当）
（現）韓国社会福祉協議会会長
車興奉《チャフンボン》（차흥봉）

二〇一一年八月

老いない愛と性

――豊かな高齢期を生きる――

目次

# 第一章　急速に変化する高齢者の生き方

## 一、一〇〇歳の長寿も夢ではない

近年、韓国では日本と同様に六〇歳を迎えた高齢者の還暦祝いが消えつつある。六〇歳まで生きると、韓国でもそれを祝う還暦祝いという文化があったが、このごろはほとんどの人が六〇歳をはるかに超えて生きるようになったからである。近年では七〇歳に古稀祝いを行うのも気恥ずかしく、八八歳になってからやっと米寿を祝う時代になった。

世界保健機関（WHO：World Health Organization）の「世界保健統計二〇〇七」によると、韓国人の平均寿命は二〇〇三年時点では七五・五歳、二〇〇四年時点では七七歳と、年を追うごとに延び、韓国統計庁の調査によると、二〇〇九年時点では八〇歳（女性八三歳、男性七七歳）となっている。世界一の長寿国の日本人の平均寿命は、二〇〇九年時点で八二・五歳（女性八六・四四歳、男性七九・五九歳）である。

## （一）　平均寿命一〇〇歳の長寿社会がやってくる

ストレス、タバコ、お酒などが現代人の命を縮めるといわれているが、近年の保健医療技術の発展のスピードはそれらが命を縮めるスピードよりはるかに速く人間の平均寿命を延ばしている。二一世紀に人類が直面している最大の事態は予想外の寿命の延長である。約一二〇〇年前の中国の唐時代の詩人である杜甫が、「曲江《きょくこう》」という詩のなかで「人生七十古来稀なり」と詠《えい》じたときには人間の平均寿命は実に短かった。「人生七十古来稀なり」とは、昔から人間が七〇歳まで生きるのは難しいという意味である。それで七〇歳を古稀という。ましてや、七七歳の喜寿、八八歳の米寿、九〇歳の卒寿（卆寿）、九九歳の白寿まで生き、一〇〇歳の百寿を迎えるということは簡単なことではなかった。昔の人びとは、寿命は天が授けてくれた祝福であるという意味を込めて「天寿」と称した。

近年の研究によると、病気の治療、老化の原因の発見と予防、生活環境の向上などにより、先進諸国では今から一〇～二〇年後には寿命が一〇〇歳まで延びるのは稀ではないと予測されている。はたして人間は何歳まで生きられるのだろうか。これまで世界で最も長く生きたと公認されている人は、一八七五年二月二一日に生まれて一九九七年八月四日にこの世を去るまでの一二二年一六四日を生きた、フランス人のジャンヌ・カルマン（Jeanne Louise Calment）という女性である。彼女は自分の唯一の孫より約三四年も長生きした。韓国では一八九五年二月一八日に生まれて二〇〇五年一月二五日に一一〇歳で亡くなった崔愛奇《チェエギ》という女性が最も長生きした人として知られている。日本では一二一歳で亡くなった泉重千代《いずみしげちよ》（一八六五年八月二〇日～一九八六年二月二一日）である。彼は男性として世界最長寿人物である。

旧約聖書のなかで想定しにくい部分の一つが、創世記第五章のアダムの系図に登場する人間の寿命に関する

内容である。神様が創造した人類の祖先アダムからレメクに至る系図のなかで最も長生きしたのは九六九歳まで生きたメトシェラである。旧約聖書のなかでの話ではあるが、当時の人間はどのようにして九〇〇年以上も生きられたのだろうか。今の私たちはそれについての合理的な解釈を思い浮かべられない。旧約聖書に登場する大洪水が起こる以前の自然環境が、メトシェラのような長寿を可能にしたはずであるという説がある。一方では、古代の一年は現代の一年と時間の長さが異なるので、数字は象徴的なものにすぎないという説もある。例えば、エノクは三六五年を生きたが、偶然にも一年の三六五日と一致する。「三六五」は完全なるものを象徴する数字であるため、エノクはしばしば「完全な生」を意味するものとして解釈される。

旧約聖書に登場する数百年を超える長寿が事実かどうかはさて置き、近年、一〇〇歳以上の長寿高齢者が速いスピードで増えていることは間違いなく、それは全世界的な現象である。全世界の一〇〇歳以上の高齢者は二〇〇五年時点で一八万人を超えているが、二〇五〇年には約三二〇万人までに増えると予想されている。実際、韓国の一〇〇歳以上の長寿高齢者は二〇〇〇年に九三一人、二〇〇五年に九三四人と徐々に増えている。その内訳は女性八五二人（九一・二パーセント）、男性八二人（八・八パーセント）となっており、女性が大多数を占める。

厚生労働省によると、日本の一〇〇歳以上の高齢者は二〇一〇年九月一五日時点で四万四四四九人となっている。男女別では女性が全体の約八七パーセントを占める。一九八一年には一〇〇〇人にすぎなかった一〇〇歳以上の高齢者が、一九九八年には一万人を超え、二〇〇九年九月にはとうとう四万人台に入ったのである。

## （二）　高齢者自らが自分の責任を負う時代

韓国でも日本と同様に少子高齢化が進んでおり、高齢者一人に対する生産年齢人口（一五～六四歳）が一九九七年の一一・六人から二〇〇九年には七・五人に減少した。その数は今後も減り続け、二〇三七年には二人、二〇六六年には一人以下になると予測されている。若者より高齢者が多くなる将来の長寿社会において、国や社会が個々人の老後の責任をどのくらい背負ってくれるだろうか。

平均寿命の延長に伴い、定年退職後の老後の期間が急速に延びている。それにより、老後の生活費や医療費が予想以上に増えることになる。それらを国や社会がすべて担うには限界がある。年金、医療保険、介護保険（日本は二〇〇〇年四月、韓国は二〇〇八年七月から開始）などの老後の社会保障が充実する社会においては、老後の問題はいきなり押し寄せる国民的課題である。韓国では老後の社会保障が日本と比較して十分とはいえない状況にあるだけに、個々人の責任で老後の準備を進めることがこれまで以上に求められる。

急速な少子高齢化の時代にあるためか、近年、定年後の老後をどのように過ごすかについて関心が高まっている。老後の生活資金の確保だけでなく、健康管理、余暇の過ごし方など、多くの人がどのように老後を過ごすかについて心配している。社会福祉が発達しているヨーロッパ諸国でさえ「ゆりかごから墓場まで」という言葉はもう古くなりつつある。誰も責任をあまり負ってくれない未来が一歩ずつ近づいている。自分の老後は自分自身で責任を取らなければならない時代が訪れているのである。心身ともに元気な高齢者が生活の活力を維持することは、国と社会だけでなく、個々人にとっても大変に重要である。今後ますます進むであろう超高齢社会に備えた個々人の準備が切実に必要な時代を迎えている。

## （三）「長く」だけではなく「どのように」生きるかが重要

昔、ヨーロッパのある国に一〇〇歳になった王様がいた。彼は、誰に対してもうらやましいことは一つもない王様だった。毎年豊作が続き、お腹が満たされた国民は王様に従順で、王子がおおよそ五〇人もいる本当に幸せな王様だった。

王様は自分の願いをすべて叶《かな》え、楽しめることはすべて楽しみながら生きてきた。しかし、そのような彼にも死は避けられなかった。ある日の夜、彼の前に黒い服を着た死神が現れて次のように言った。

「あなたは、これまでこの世の中で最高の楽しみを謳歌しました。死んでももう未練なんかないでしょうから、私と一緒にあの世に行きましょう！」

すると、王様が全身を震わせながら哀願《あいがん》した。

「あの世に行くと？　いや、私はまだやるべきことがたくさんあるので、もう少しだけお時間をください！」

「何ですって？　一〇〇年も生きてきたのにもっと生きたいと？　ましてや、あなたの子どもたちも八〇歳をとうにすぎ、もうすぐ亡くなりそうな子どももいるのに、何の未練が残っていると言うのですか？」

「だけど、私はまだ死にたくありません。だから、もし私を連れて行きたいのなら、五〇人の私の子どもの中から私の代わりに一人を連れて行ってください。そしてもう一〇〇年だけ私を生かしてください」

それから、王様は五〇人もの子どもたちを呼んで「私の代わりに誰が死神について行くんだい？」と問うた。しかし、父親の代わりについていくと名乗り出る子どもは一人もいなかった。しばらくすると、まだ二〇歳にしかならない王子が死神の前に出て来てこう言った。

「私が、父上の代わりにあなたについて行きます」

死神がびっくりして尋ねた。

「お前はまだ二〇歳の若者なのに、父親の代わりについて行くと？　ここにいる年老いた兄さんたちも名乗り出ないのに、どうして最も若い君が代わりに死のうと言うのか？」

すると、若い王子はこう言った。

「父上が一〇〇年も生きていて満足できない人生なら、私がこの先生きる理由はありません。私も一〇〇年生きたとしても満足できないでしょうね」

一理あるであろう。一〇〇年を幸せに生きても満足できない人生なら、もう一〇〇年を生きたとしてもやはり満足できるはずがない。ここで、この年老いた王様にこれからどのようなことが起きるのかをもう少し考えてみよう。たぶん、これからは良いことより悪いことがもっと多く起きるだろう。妻が病み、友人が死に、おまけに子どもが自分より先に死ぬという不幸を味わうことになる。

何が何でも「長く」生きるだけではなく、「どのように」高齢期を豊かに生きるかを真剣に考えなければならない時代に差しかかっている。これからは、一〇〇歳の長寿は誰にでも訪れる可能性があるからである。

## 二、世界で最も速く高齢化する国

ソウルなどの大都市の地下鉄に乗ると、車両の両端に高齢者や障害者、妊婦等のための優先席がある。注意深く見てみると、優先席に座っている高齢者よりもその付近に立っている高齢者が多く、優先席の絶対数が足りないように感じる。[1] 二〇二〇年頃になると、地下鉄に乗る高齢者が今よりはるかに多くなるだろうから、優先席の「不足感」は倍増するであろう。したがって、乗車中の高齢者が座れるためには普通席をもっと優先席に換えなければならない。以前、テレビで放映された公共広告の一場面のように、そう遠くない未来には高齢者が普通席に座り、逆に減りつつある子どもを優先席に座らせて大切にしなければならない世の中になるかもしれない。

韓国では現在、世界で最も速いスピードで高齢化が進んでいる。二〇〇〇年に六五歳以上の高齢者人口が七パーセントを超える高齢化社会（aging society）に入った韓国だが、二〇一八年には高齢者人口が一四パーセント以上の高齢社会（aged society）に入り、二〇二六年には高齢者人口が二一パーセント以上のいわゆる超高齢社会に入ることが予想されている。さらに、二〇五〇年には高齢化率が三四・四パーセントに達する見込みである。日本では一九七〇年に高齢化社会、一九九四年に高齢社会、二〇〇七年にいわゆる超高齢社会になっており、二〇一〇年九月一五日時点の高齢化率は二三・一パーセント（総務省「高齢者推計人口」）となっている。

韓国統計庁の資料によると、韓国では二〇二〇年には六五歳以上の高齢者人口が六～二一歳の学生人口を追

い越す。こうなると、産業構造が変化する。つまり、保育施設や学習塾が急速に減る一方で、高齢者施設などのシルバー産業が活性化するようになる。実際、大都市部では少子化によって閉鎖に追い込まれる保育施設が増えている[2]。

韓国の高齢化のスピードは、近年、世界最速である。高齢化社会から高齢社会になるのにかかった年数が、フランスは一一五年、スウェーデンは八五年、アメリカは七三年、イギリスは四七年、ドイツは四〇年、日本は二四年であったのに対して、韓国は一八年しかかからない見込みである。先進諸国とは比較にならないくらいの速さで人口の高齢化が進んでいるのである。特に農漁村の高齢化は、都心部よりその進行のスピードが速く、深刻である。韓国では近年の経済開発と近代化過程において就業や子どもの教育などを理由に、農漁村を離れて都市部に移住する若者が増えた。その影響を受け、農漁村の人口が全体的に減少するなか、高齢者はそのまま残ったため、農漁村では高齢者人口の割合が相対的に高くなっている。

その一方で韓国は日本同様に少子化も急速に進んでおり、一九九五年に一・七であった合計特殊出生率（一人の女性が一生に生む子どもの数）が二〇〇八年では一・二六まで下がっている。今までの世界最低水準を記録した二〇〇五年の一・〇八からやや持ち直したが、特別な政策的介入がない限り、少子化傾向は今後も続くと予想されている。ちなみに、日本の合計特殊出生率は二〇〇九年時点で一・三七となっており、韓国に比べるとやや高い。

## （一）窮地に追い込まれたベビーブーム世代

近年の長寿社会の最大の特徴は、「二〇年間稼いで二〇年間暮らす老後生活」から「四〇年間稼いで四〇年間暮らす老後生活」に変わるということである。にもかかわらず、韓国の労働市場は不安定であり、四〇年間にわたって収入を得ることが難しい状況である。近年の経済不況により、早期退職を迫られる人も少なくない。

近年の四〇～五〇代のベビーブーム世代（朝鮮戦争〈一九五〇年六月～一九五三年七月〉後の一九五五～一九六三年に生まれた約七一二万人）には老後生活の準備が急がれる。総人口の約一四パーセントを占める彼らが定年退職すると、高齢社会の問題がより深刻化すると予想される。すでに高齢社会に突入している先進諸国でも、第二次世界大戦後のベビーブーム世代の定年退職が大きな社会問題として議論されている。

韓国の経済発展に多大な貢献をしてきた近年の四〇～五〇代は、自分たちは両親の世話をしてきたが、自分たち自身は子どもたちから世話を受けられない、いわゆる「挟《はさ》まれた世代」である。「子育てがすなわち老後対策」であった時代と違い、「扶養の義務はあるが扶養を受ける権利はない」時代を迎えつつある韓国のベビーブーム世代の老後は不安だらけである。

彼らは両親の世話だけでなく、子どもたちに教育を受けさせながら自分たちの老後の準備もしなければならない世代となる。彼らはまた、一九九七年のアジア通貨危機と不動産バブルの煽《あお》りを受け、決して平坦ではない時代を生きてきた世代でもある。このような理由により、韓国のベビーブーム世代は自分の老後を準備する余裕がなかった。定年退職は徐々に早くなり、老後の時間はますます長くなるという現状のなか、彼らの老後に対する悩みは尽きることがない。理想と現実の狭間で、彼らは幸せな老後を夢見るが、現実は厳しい。

韓国の四〇～五〇代の現実を代弁してくれるのが、アメリカの劇作家であるアーサー・アッシャー・ミラー（Arthur Asher Miller, 一九一五～二〇〇五年）の戯曲『セールスマンの死（Death of a Salesman）』の主人公のウィリー・ローマンである。ローマンは六〇歳を超えたセールスマンである。彼は努力すれば成功できるという資本主義の米国を信じて疑わずに生きてきた。しかし、彼の夢は急激に押し寄せる変化とともに崩れ去る。三〇年以上も勤めてきた会社から理由もなく首になる。期待していた子どもたちも自分の意に反して別の人生を選択してしまい、裏切られたと感じる。

どうしようもないくらい老いてしまった老体を眺める苦しさ、崩れ去った期待、ひたすら走ってきた人生の疲れ、何も成し遂げていない人生に対する後悔が彼を絶望の淵に追いやる。結局、彼は真夜中の自動車事故で命を落とす。彼の死によって下りた保険金は最後の住宅ローンに充てられる。

彼の妻のリンダが、息子たちに語る言葉が胸に突き刺さる。

「お前たちの父親は偉い人とは言えないのよ。ウィリー・ローマンは大金を稼いだこともなく、新聞に名前が載ったこともないからね。しかし、彼は父親だったの。だから、私たちが大事にしてあげなければならなかったのよ。老犬のように道端で死なせてはならなかったの」

私たちは今、老後の準備をしていない高齢者を、まるでウィリー・ローマンのように道端に捨ててしまっているのではないだろうか。ミラーの戯曲に見られる平凡な退職サラリーマンの没落が、韓国社会でもしばしば見られるようになった。老後の悲劇は、何も定年退職だけではない。

## （二）　現代版人生の三大悲劇—長寿・定年退職・生活費の負担増—

「平均寿命が延びてなかなか死ねない」
「働き盛りなのに、定年のために社会活動から退いた」
「この時期に大学に入る子どもがいたり結婚する子どもがいるからお金がかかる」

私たちは、この三つを現代版「人生の三大悲劇」と呼ぶ。

高齢社会に入ると、中高年の失業に対して政府レベルでの対策が求められる。なぜなら、定年退職やリストラを強いられる中高年が増え、再就職の機会を得ようとする人が多くなるからである。

人口学や社会学分野では六五歳以上を高齢者と定義している。また韓国の「老人福祉法」でも六五歳以上を高齢者と定義している。しかし、人によってその心身機能が異なるので、六五歳以上の人を一概に高齢者とはいえない。高齢者保健福祉分野では、一般的に六五～七四歳の者を前期高齢者、七五歳以上の者を後期高齢者と区分するが、老年前期（young old, 五五～七四歳）と老年後期（old old, 七五歳以上）と区分する場合もある。

いずれにせよ、近年に高齢社会を迎えた先進諸国には六五歳にもなっていない「初老期高齢者」が実に多い。五五歳前後の早期退職により、働き口を持たない初老期高齢者が増えているのである。彼らの多くは労働力として活用される場合が少ないため、大多数の早期退職者が多くの時間を無駄に浪費しながら生きている。

五〇代は人間のライフサイクルのなかで最も大きな支出を要する時期である。子どもが大学に進学したり結婚したりする時期と重なるからである。国民年金管理公団の研究員チームが二〇〇五～二〇〇六年にかけて五〇代以上の五一三三世帯を対象に行った「中・高齢者の経済生活および老後の準備実態調査」

から、五〇代の生活の様子がうかがえる。韓国の五〇代は最も多く稼ぎ、最も多く支出する世代である。五〇代以上の保有資産は五〇代後半（五五～五九歳）に二億二二九七万ウォン（約二三三〇万円）[3]と頂点に達し、六〇代以降はその資産が減少傾向にある。所得も五〇代が最も多く、一世帯あたりの年間平均所得は三〇五一万ウォン（約三〇五万円）である。六〇代は一二八三万ウォン（約一二八万円）、七〇代以上は二五五万ウォン（約二六万円）と、加齢とともに所得が急激に減少している。[4]支出も五〇代が最も多く、二六一三万ウォン（約二六一万円）であるが、七〇代以上では九〇三万ウォン（約九〇万円）に減少している。それらの赤字は子どもたちの仕送りで賄っている。

五〇代から始まる早期退職は、当事者やその家族にとっては大きな負担である。[5]身体的にも精神的にもまだ働けるのに、年齢だけを理由に職場を退かなければならないのは社会的にも大きな損失である。加えて、五〇代から始まる余生が平均三〇年間もあるということを考えると、彼らが直面しているこの現実は切実な問題である。

## 三、青春を夢見て若返ろうとする高齢者

この前、ソウルで形成外科を経営している友人から冗談半分で「お前も注射を打ってみないか」と言われた。ここでいう「注射」とは老化を遅らせるといわれている成長ホルモンの注射である。近年、プラセンタ（胎盤）注射から成長ホルモン注射に至るまで、老化防止を目的とする注射が中高年の男女の間でかなりの人

気を呼んでいる。

このような注射を打てば、肌に艶《つや》がよみがえって疲れが取れるだけでなく、筋肉量が増加し実年齢よりずっと若く見えるようになる。注射だけではない。額や目元のしわなどを除去する若返り整形手術も盛んである。世の中は、現代医学の力を借りて外見が老けていない「若い高齢者」が出現する時代を迎えた。単に外見だけが若いのではない。体力や知的能力も若者に負けずとも劣らない高齢者が徐々に増えているのである。彼らは過去とは異なる形の新しい高齢者文化をつくりあげようとしている。加齢とともに受動的に年をとっていった高齢者の文化が、経済力のある高齢者の増加と余暇生活に対する認識の変化、そして自分自身で人生の責任を取ろうとする姿勢などによって能動的な態度に変わっているのである。

数年前の日刊紙に、「二〇〇六年アメリカ最高齢サラリーマン」に選ばれたワルド・マグバーニーさんの写真が掲載された。当時、彼の年齢は一〇四歳だった。活気に満ちた笑顔で電話に応対する姿は、一〇〇歳を超えているとは思えなかった。「アマチュアマラソンランナーたちの父」と呼ばれるソウルマラソンクラブの朴永錫《パクヨンソク》会長（七九歳）は、「歩くことができれば誰でも走ることができる」という持論のもと、高齢者マラソン同好会で活躍している。彼は、満六九歳だった一九九九年に初めてフルマラソンに挑戦したが、その年になんと六回もフルマラソンを完走した。

彼だけではない。「マラソンには年齢がない」とい

2006年アメリカ最高齢サラリーマンのワルド・マグバーニーさん

う話が出るほど、六〇歳を超えてフルマラソンを完走する高齢者が増えつつある。外国のマラソン大会には以前から高齢者が多く出場していたが、韓国国内の主なマラソン大会にも近年になって七〇代以上の高齢者の出場が目立って増えている。アメリカ合衆国のトラベラーであるマキニースさんは、一九八三年に定年退職した後すぐに旅に出かけ、最近までにアフリカ、アジア、南米大陸を制覇している。八〇歳になった彼は最近も世界一周旅行を続けている。

健康で若い体を維持している高齢者もいる。趙海碩《チョヘソク》さんは五〇年間ジムに通いながら筋力を鍛え、七〇代半ばの高齢であるにもかかわらず、二〇代の青年のような身体を自慢にしている。このごろの高齢者は、勉学に対する情熱も若者に劣らない。二〇〇八年の大邱《テグ》科学大学医療福祉学科の入試では金廣淳《キムクァンスン》さん（七五歳）が受験し、最優秀の成績で合格して世間を驚かせた。

筋トレ中の趙海碩さん

## （二） 外見とは異なり、活気に満ち溢《あふ》れている高齢者

広告に登場する高齢者の姿も昔とはかなり異なる。マスコミに登場する高齢者は「一線から退いて余生を送る人」から「新しく人生を始める人」へと、そのイメージが変わりつつある。また無気力で依存的な存在から、ある程度の財力と社会的経験によって培われた知識を持った人物として評価される傾向にある。「年齢は数

字にすぎない」をキャッチコピーにして大学の講義室を訪ねる高齢者の姿を描いたKTF（Korea Telecom Freetel：韓国移動通信会社）の広告、「険しい海を渡って人生の荒波を越えて」をキャッチコピーにして高齢者の姿をカメラに収めたPOSCO（旧・浦項統合製鉄）のイメージ広告などは、その一例である。

高齢者に対する固定概念をくつがえした広告もある。高齢男女がゲームセンターのDDR（Dance Dance Revolution：ダンスダンスレボリューション）で踊る姿を描いたヤフーコリア（www.yahoo.co.kr）の広告や㈱太平洋製薬会社の広告などである。マクドナルドやロッテリアの広告でも高齢者を登場させ、ファーストフードはもはや若者だけのものではないという印象を持たせようとする広告もある。

実際、高齢者自身も若くなった。高齢者の特徴である分厚い老眼鏡、白髪、しわなどは、お洒落な眼鏡、ヘアカラー、ボトックス（しわ治療の注射）などでカバーすることが可能になった。そのため、たとえ六五歳をすぎても、高齢者としてのもてなしを受けない限り、彼らが高齢者だということに気づかない人がいる。

シルバーファッションショー

## （二） 心まで若い活動的な高齢者

儒教的な伝統が残る韓国社会のなかでは、還暦をすぎて一線から退けば年長者として敬われてもてなしを受けられた。働かなくても家族などに支えられながら悠々自適に余生を過ごすことができた。しかし、平均寿命の延長によって余生が長くなっている現状ではそのような暮らしが困難である。多くの高齢者が、高齢期を家族などに任せる受動的な生き方から、自らの責任で高齢期を過ごすという能動的な生き方に変えなければならなくなっている。

すでに先諸進国では、オパール（OPAL）族とかアップル（APPLE）族と呼ばれる活動的な高齢者文化が生まれている。オパール族とは、「活動的な生活をする高齢者（Old People with Active Life）」を意味する英語の頭文字からつくられた現代用語だが、積極的に人生を生きる高齢者を指す言葉である。一方のアップル族とは、「アクティブに（Active）、自負心を持って（Pride）、安定的に（Peace）、高級な文化を楽しみ（Luxury）、経済力を持った（Economy）」の英語の頭文字を連ねた現代用語であるが、お洒落な文化を享受する経済力のある高齢者を指す言葉である。

卓球を楽しむ高齢者たち

このような言葉は、高齢者のノロノロ歩き、引退、病弱、依存的な態度などの否定的イメージから脱し、自ら積極的かつ活動的な高齢者の文化をつくって生きていこうとする高齢者が増えていることを示唆してくれ

る。このような兆候は韓国でも現れている。たとえ高齢者になっても高齢であることを否定しながら、経済力を持ち、新しい高齢者の文化を創造して活動的に生きようとする「新高齢者」が多く登場している。

最近、老人大学[6]などでしばしば歌われる歌がある。「お洒落な高齢者」という歌である。この歌は筆者が書いた詩に、「枯木」の作曲家として有名な張旭朝《チャンウクチョ》さんが曲をつけたものである。

### お洒落な高齢者

作詩　林春植
作曲　張旭朝

歌う老紳士　踊る老淑女
今日も集まれ　仲睦まじい友人よ
学びながら　奉仕しながら　ラララ〜
しわが伸びる　白髪が黒くなる
ああ　お洒落な高齢者

歌う老淑女　踊る老紳士
明日も生きていこう　夢を捨てずに
毎日感謝しながら　ラララ〜

しわが伸びる　白髪が黒くなる
ああ　お洒落な高齢者

## 四、パワフルグレー時代

高齢者の「パワフルグレー（Powerful Gray）」が社会に与える影響力も次第に大きくなっている。アメリカのフォーチュン誌が二〇〇八年に選んだ「アメリカで最も影響力を持つ人」の一人はアメリカ定年退職者協会（AARP：American Association of Retired Persons）の事務総長エドワード・ジョーンズ（Edward Johns）さんであった。ＡＡＲＰはアメリカ最大の定年退職者となる高齢者のための権益擁護団体である。会員数は約三四〇〇万人に上っており、「アメリカのグレー巨人」とも呼ばれている。

二〇〇六年に韓国の現代経済研究院が「シニアルネサンス（Senior Renaissance）時代の到来」という報告書を出した。ここでいうシニアとは「五〇歳以上の中高年者」を意味する。当報告書では「経済力と明確な価値観を持ったシニア世代が最も大きな消費層として台頭している。企業は彼らを対象にしたインターネットコミュニティを活用するマーケティングを展開する必要がある」と提言している。

高齢者人口の増加に伴い、高齢の年金生活者が消費を主導する時代に入ると思われる。三八六世代(7)以降は子どもが少ないため、教育や結婚などによる経済的負担が軽減する。したがって、本人自身の老後のための支出の比重が高くなると推察される。実際、インターネットを楽しむシニア世代が急増している。今や、韓国のイ

ンターネットのオンラインショッピングの市場規模は一般市場よりも大きくなっており、その主なユーザーはシニア世代である。韓国マイクロソフトと情報文化振興院の共同調査によると、シニア世代の二六・五パーセントが「オンラインショッピングを利用した経験がある」という。

いくつかのインターネットショッピングモールは、彼らを主なターゲットとする商品コーナーを別々に設けている。衣類をはじめ、磁気マットやマッサージ機のような健康用品、高麗人参やサプリメントなどの健康食品もインターネットで注文すれば自宅まで宅配してくれる。重い荷物を持てない高齢者にとってはこれほど便利なショッピングはない。シニア世代がインターネットショッピングで最も多く購入するのは衣類である。ファッション雑貨、スポーツ・レジャー用品などがその後に続く。最近数年間のインターネットショッピングの市場動向を見ると、衣類やファッションコーナーが最も活況を見せており、四〇代以上の中壮年層の消費者も次第に増えている。

高齢者の文化や歴史を研究する研究者らは、今後「新しい啓蒙時代（Age of Enlightenment）」が到来し、近年の文化的な価値体系に大きな変化が生じるとしている。新しい啓蒙時代とは、高齢者の知恵とともにその文化が発現され、新しい理想的な長寿社会へと成熟する高齢者文化の時代を意味する。このような時代が到来すれば、青春賛美は時代遅れの陳腐なものとなり、若返る高齢者がすべての分野で力を発揮する「高齢者革命」が起きるというのである。

## （一）中高年のさまざまな文化的欲求

「どんぐり」はリスの餌である？

韓国のほとんどの若者が「どんぐり」という言葉を聞いて、真っ先に思い浮かべるのはリスではなく、インターネット上で取引きされるサイバーマネー（cyber money）である。[8] 韓国の高齢者の五人に一人は、「どんぐり」にはリスの餌の他にもそのような異なる意味があるということを知っている。これは、ショッピング以外でもインターネットを利用している中高年が増えているという証拠である。中高年がそのような「どんぐり」の異なる意味を知っているということは、これまで若者の専有物であると思われてきたミニホームページやブログを中高年も利用しているということになる。彼らはインターネットを通じて情報技術（IT：Information Technology）の文化を学び、高齢者たちだけのインターネット文化をつくりつつある。「パソコンの画面の後ろには年齢はない」という言葉があるほどである。

インターネットに夢中になっている高齢者たち

インターネットは中高年の活動範囲を広げている。「匿名性」が保障されるインターネットは、彼らがそのパワーを発揮できる新しい舞台になっている。韓国インターネット振興院の二〇〇六年の調査によると、六〇歳以上の者の二〇・六パーセントがインターネットを利用した経験を持つ。

一方、日本の総務省の「平成二〇年通信利用動向調査（世帯編）」によると、六〇歳以上の者のインター

ネット利用率は三〇・七パーセントである。日本の高齢者の年齢別利用率では六〇～六四歳五七パーセント、六五～六九歳三二・五パーセント、七〇～七九歳二四パーセント、八〇歳以上八・八パーセントとなっている。日本国民全体の利用率六八・七パーセントに対し、六〇歳以上の者のインターネット利用率は三〇・七パーセントと低い水準であるものの、六〇～六四歳でインターネットを利用している割合は五七パーセントと半数を超えている。

インターネットを利用する中高年を指す言葉の一つに「ウェバー（webver）族」というのがある。ウェバー族とは、インターネットを意味する「ウェブ（web）」と高齢者を指す「シルバー（silver）」からつくられた新しい現代造語である。彼らは自分だけの電子メールアドレスとホームページを持ち、デジタルカメラで撮った写真をホームページに公開するなど、インターネットを通して自分たちの世界をどんどん広げている。

中高年はいったんパソコンと友だちになると、寝る間も惜しんで夜更けまで楽しむという。ここが痛い、あそこも痛いと、毎日のようにこぼしていた愚痴も減る。どこかが痛いと言おうものなら、家族や子どもたちから「パソコンをやりすぎるからだよ」と言われそうで、どこか痛いとも言えないという。

韓国政府が実施している高齢者向けの情報化教育の場で、パソコン

ボランティアから携帯写真の撮り方を学ぶ高齢者たち

を習いながら友人になった高齢者同士がインターネットでメールをやりとりする姿は、今は珍しくも何ともない。今までもらったこともなかった電子メールが一日に数十通も届くので、その返事を書くのに一日二四時間が足りないほどだという。特に異性の友人から届く電子メールを開けるときの心境は、思春期の少年少女が文通するような、胸のときめきに似ている。時の流れを忘れてインターネットにハマる中高年がますます増えており、今や、夜を明かしてインターネットをしたりチャットをしたりすることは若者の専売特許ではなくなってきている。

## (二) 中高年の文化的欲求は人生の欲求

韓国の高齢男性というと、中折れ帽子と杖、ぶかぶかのジャケットやズボンを思い浮かべるが、最近はジーパンを好んではく人も少なくない。老人福祉館[9]やカルチャーセンターなどで踊りと歌を習ってゲートボールを楽しむ。なかには、英語や中国語などの語学を学ぶ高齢者もかなりいる。

現代の高齢者の生活は過去とはかなり異なる。一九六〇～一九七〇年代の青春時代にハリウッド映画を観ながらデートをし、ジーパンやギターを楽しんだ世代が高齢者の仲間入りをしたからであろう。新高齢者は次第に自分たちだけの文化をつくりながら、拡大する高齢者文化の主役に躍り出ている。彼らの文化的欲求は今までの世代よりも強い。

ソウル市が二〇〇八年に市内の中高年一〇〇〇人を対象に行った「高齢期の生活にかかわるニーズ調査」によると、高齢期に最もやりたいことはスポーツなどの健康活動（三八・四パーセント）、趣味・文化生活（二八・四パーセント）であると回答している。全国各地で運営されている老人福祉館やカルチャーセンター

などでは、近頃は、高齢者のためのさまざまな文化・生活講座を開講している。しかし、肝心の高齢者向けのプログラムの量と質が絶対的に足りない現状である。そのため、大都市の至るところに高齢者専用の娯楽室が増えているが、なかには若者が通うパブやクラブを訪れる高齢者も多い。

高齢者にとって文化生活の不足は、時間に対する単なる無量感にとどまらず、うつ病のような精神疾患を招くこともある。人間は年をとればとるほど消極的になりやすく、外の世界に対する関心が薄れ、閉じこもりがちになる。引退後、核家族のなかでの疎外感によって生じる人間関係の軋轢《あつれき》を適切に解くことができないまま、さらに自分のなかに閉じこもることになり、家族や友人との関係もおろそかになる。このように、外の世界と断絶されて社会的な活動が減るようになると、人間関係を適切に維持できなくなり、うつ病や認知症などの老人性疾患を患う可能性が高くなる。ストレスや疎外感を適切に解消することができず、自分の寂しい境遇は周りの人や社会のせいだと思うようになると、極端な場合には犯罪に走ることもある。

国宝第一号の南大門に放火した犯人も、社会に不満を持った七〇代の高齢者であった。韓国の南部のとある漁村では、性欲を抑えられなかった七〇代の高齢者が若い女性に性的暴行を加えて殺人を犯すという事件を起こしている。これらは、社会に不満を持つ高齢者による犯罪が発生していることを端的に示す事件である。

韓国警察庁の『犯罪白書』によると、二〇〇〇年に五万七〇二件にすぎなかった六〇歳以上の高齢者の犯罪が、二〇〇九年には一三万二七八九件に達し、二・六倍も増えた。殺人犯は一九九六年の一八人が二〇〇六年には九六人に増え、その一〇年間で約五倍も増えている。高齢者の社会的な疎外感と剥奪感《はくだつ》が犯罪増加の原因であるという分析が出ている。これらの統計は、高齢者文化や生活に対するより具体的で積極的な政策が必要であることを示してくれるものである。

高齢者の疎外感と剥奪感を解消するための具体的な政策が必要な状況であるなか、長い間、高齢者文化の中心に位置づけられてきた敬老堂[10]の変身には目を見張るものがある。「花札にどぶろく」というイメージから脱皮し、今や、敬老堂が高齢者の雇用を斡旋する組織に変わりつつある。最近、社団法人大韓老人会が、仕事のある敬老堂（一事）、一つを教え学ぶ敬老堂（一学）、一つを楽しむ敬老堂（一楽）を意味する「一事一学一楽」の敬老堂へと変えるための対策に乗り出したことは誠に喜ばしいことである。

大都市の敬老堂は鍼や健康体操など、高齢者のためのプログラムを用意したり、地域の企業の協力を得て高齢者に仕事を与えたりしている。それ以外にも、文化遺産のガイドボランティアや文化財の保護活動などを通して地域社会に貢献する高齢者が増えている。今や、若いときよりもっと忙しく生活している高齢者が増え、文化活動の主役に躍り出ている。

## 五、蚊帳の外の高齢者が増えている

ギリシャ神話に登場する怪物のスフィンクスが通りすがりの人びとに詰問した。
「朝は四足、昼は二足、夜は三足で歩行する動物は何か」

その正答は「人間」である。人間は、赤ん坊のときは這っていて、若いときは自立して生きていけるが、年をとると杖をついて誰かの手助けを借りなければならないということを意味する。これまでは子どもたちに支えてもらっていたが、核家族化によって自分の老後をもはや家族や子どもたちの手助けに頼ることはできなく

なっている。

老後はただ与えられる「余分」な人生ではなく、「第二の人生」でなければならない。老後は、就職して結婚して住宅を用意し、子どもを産み育てて独立させた後、社会と家庭に対する責任と義務から解放される時期である。すなわち、「ひたすら自分自身だけのための時間」を享受できる時期である。働きがいと生きがいを持ちながら、老後を元気に長く生きることができれば喜ばしい。しかし、現実は異なる。

筆者が経営しているソウル市蘆原区《ノウォン》にある老人福祉館「平和の家」にて出会ったある八〇代の高齢女性は、夫が世を去ってから息子夫婦と一緒に生活するようになった。最初のうちは息子と嫁が世話を焼いてくれたが、日が経つにつれ、冷たくあしらわれるようになった。ある日、近くのサウナに行こうとして靴を履いていたところ、「どれだけ長生きしようと思って行くの?」と背中から息子の冷たい声が飛んできたという。高齢女性は「その言葉がとても辛く胸が痛かった」と筆者に訴えながら、とめどなく涙を流していた。

数年前に会ったある高齢女性の話はもっと胸が痛む。風呂敷に包んだ荷物を抱えて田舎から上京してきた当時七八歳のその高齢女性は、「家政婦でも何でもいいから仕事を探しておくれ」と筆者にすがりついてきた。裕福な農家の一人娘として生まれてきた彼女は、一八歳のときに結婚したが、二三歳のときに夫に先立たれ、女手一つで当時三歳の一人息子を一生懸命育ててきた。息子を立派に育てるためにどのような仕事でもした。しかし、その息子は自分の期待に反し、高校に入学してから不良学生とつるんで恐喝、イジメ、暴力などありとあらゆる悪事を働いた。学校にもしょっちゅう呼び出された。

自分の祈りが通じて息子はどうにかこうにか高校を卒業した。しかし、息子は就職もせず、荒れた生活を続けた。何度も息子の前でひざまずいて涙で訴えた。だが、息子が改心することはなかった。いっそのこと、死

んでしまおうと思い、何度も行商の帰り道に橋の上から飛び降りようかと思った。しかし、自分が死んでしまったら、息子が乞食になって惨めな生活をするような気がして引き返したという。

ある日、行商から家に帰って来たら、息子が酒に酔い潰れて寝ていた。夕飯を準備して起こしたら、「小遣い一銭もくれず、夕飯も準備しておかないで、どこをほっつき歩き回るのか」と、息子が暴言を吐きながら暴れ回るので、逃げて隣の家に身を隠したこともあった。その後も息子はしょっちゅう暴れ、地獄のような日々が続いた。

その息子が二三歳になった年、どこからか女を連れて来て暮らし始めた。最初のうちは仲睦まじい二人だったが、時間が経つにつれ、派手な夫婦喧嘩をするようになり、しばしば隣近所に迷惑をかけた。行商して生計を立てている自分に、お金をくれないと言って、嫁の前で殴りかかってくることもたびたびあった。結局、痣《あざ》だらけのその高齢女性は息子の暴力に耐え切れず、無一文のまま上京したという。「ソウルでの生活がいくらしんどくても、もう二度と息子のところには帰りたくはない」と言う高齢女性の目は涙で潤《うる》んでいた。

## （二）子どもに献身しても老後の対策のない高齢者

激変する韓国社会のなかで熾烈《しれつ》な生存競争をしてきた多くの高齢者は、子どもたちにすべてをかけて生きてきた。そのために、自分たちの老後の対策は何一つしていなかった。それなのに、いざ高齢者になってみると、手塩にかけて育ててきた子どもたちからはろくな援助も受けられず、おまけに疾病と貧困、孤独と無為（役割喪失）という四重苦に苦しむ場合が少なくない。政府の支援と家族からの援助、そして働きがいと生きがいを感じられる仕事が必要な時期であるにもかかわらず、周りの皆の者から疎外されるということは惨めそのも

のである。

近年、既婚の子どもと同居する高齢者はますます減る一方で、子どもと別居する一人暮らしの高齢者または夫婦のみの世帯が急増している。韓国統計庁によると、二〇〇九年時点で、六五歳以上の高齢者の一人世帯は一〇四万三九八九世帯にのぼっており、一人世帯全体に占める割合は二六・八パーセントである。二〇三〇年には六五歳以上の高齢者の一人世帯が二三三万八〇〇〇世帯に増え、一人世帯全体の約半分の四九・六パーセントに達する見込みである。

一方、日本でも高齢者の一人世帯が増えつつあるが、厚生労働省の「国民生活基礎調査」によると、二〇〇八年現在、六五歳以上の高齢者のいる世帯（高齢世帯）数は一九七八万世帯であり、全世帯（四七九六万世帯）の四一・二パーセントを占める。そのうち、単独世帯は四三五万世帯（高齢者のいる世帯の二二パーセント）、夫婦のみの世帯は五八八万世帯（高齢者のいる世帯の二九・七パーセント）となっている。一般世帯総数に占める高齢世帯の割合は二〇三〇年には三九パーセントに減少するが、高齢世帯数に占める「単独世帯」の割合は三七・七パーセントへと上昇することが見込まれている。

東アジアでは、一人暮らしの高齢者は子どもたちに頼ろうとする傾向が強い。高齢期の生活を保障してくれる社会保障がまだ十分でない韓国の高齢者は、病気や事故などの危機に直面した場合、子どもたちに助けを求める。しかし、子どもが遠くに住んでいる場合は助けてもらえないことも多く、隣近所に手助けを求めるしかない状況に置かれたりする。そのようになると、一人暮らしのいわゆる「独居老人」の生活は惨めである。周りに面倒を見てくれる人がいないので、食事にありつけない場合も少なくない。急に体調が悪化したときには、「独居老人」一人では解決できない。

高齢者にとって、寂しさと孤独という言葉は感傷的な言葉ではない。それは、哲学的に思索しなければならない命題だけではなく、高齢者自身を死に至らしめることもできる残酷なものである。「人は結局一人で死ぬ」と言いながら毅然《きぜん》としていたパスカル（Blaise Pascal, 一六二三〜一六六二年）と違い、『二五時（La Vingt Cinguieme Heure）』の作家であるゲオルギュー（Gheorghiu, Constantin Virgil, 一九一六〜一九九二年）は「孤独はこの世の中で最も恐ろしい苦痛である。これは、すなわち死のようである」と絶叫したではないか。

## （二）人生最後の選択となる自殺の悲劇

年をとっていくほど悲しみは深く、「孤独の不意打ち」はとても恐ろしくて怖い。ある日の新聞に報道された高齢夫婦の話は物悲しい。苦労の末、六人の子どもを育て上げたある夫婦は、子どもと別居する寂しさに耐え切れなかったのか、練炭自殺した。どういう思いで自ら命を絶ったのだろう。夫婦が亡くなってから二〇日後に発見されたという事実に、家族と社会の非情さを感じずにはいられない。遺体の第一発見者が息子であったことがせめてもの救いだったろう。「閉ざされた家族」の縮図のなかから、現代社会の冷酷さが垣間見える。

近年、孤独に耐え切れず、子どもたちにも負担をかけたくないという理由から自殺という極端な選択をする高齢者の悲しい話がよくニュースに出る。七〇歳を超えたある高齢者が裏山で首を吊って自殺した。子どもが六人もいたが、誰一人も自分の面倒を見てくれないというのが自殺の理由だった。息子の家で息子夫婦の顔色をうかがいながら生きていたある高齢者が、真冬のソウルの中心部を流れる漢江《ハンガン》に身を投げたというような記事も珍しくない。

残念なことに、自らの命を絶つ高齢者が年を追うごとに増えている。「子どもたちの荷物になりたくない」

「情けない親は二度と戻ってこられないところに行く」などという言葉を遺して自ら命を絶つ。韓国の高齢者の自殺率はＯＥＣＤ（経済協力開発機構）三四か国中で三位という恥ずかしい統計がある。二〇〇九年の韓国の年間の自殺者数は人口一〇万人あたり三一人の約一万二九二一人であるが、この人数は交通事故による死亡者七〇七三人の約二倍にあたる。このうち六〇歳以上の高齢者の自殺者は四〇九七人に上るが、一日に一一人、年間に人口一〇万人あたり七一人の高齢者が自ら命を絶っているのである。これは、アメリカとオーストラリアの人口一〇万人あたり一〇人の七倍、一一年続けて自殺者が三万人を超えている日本の人口一〇万人あたり三五人に比べて二倍も多い数値である。もっと大きな問題はその増加のスピードである。過去一〇年の間に高齢者の自殺率は三倍以上も増えた。世界では類を見ない増加のスピードである。

　自分の両親をフィリピンに捨てた非情な子どもに関する記事も私たちを悲しくさせる。フィリピンにいる息子から面倒を見てあげるからこちらに来るようにと誘われ、幸せな老後を夢見ながらフィリピンに旅立ったある高齢夫婦が、真心を込めて面倒を見てくれる息子夫婦に全財産を渡した途端に捨てられた。このように、「安らかな余生」を餌に親の財産を奪った後、親を見捨てる「極悪な子ども」が増えている。もはや韓国は「東方礼儀之国」ではなく、「東方親不孝之国」になり下がったといっても過言ではない。

　核家族化の進行は仕方ないかもしれないが、増えていく高齢者の自殺は深刻な社会問題である。世の中がいくら速く変わるといっても、子どもに頼る高齢者の依存心はそう簡単には変わらない。韓国の高齢者の半分以上が核家族中心の家族関係に大きな不満を持っている。彼らは家族と交流できる機会を渇望している。家族との仲睦まじい会話と微笑み、子どもたちの笑い声を懐かしむ。それだけに、家族からの疎外と孤独は耐えがたい。

## (三) 老人性うつ病の急増

ある日、友人が自分の父親をどうすればよいのかと相談してきた。小さいときに親を亡くし、不遇な幼少期を過ごしてきた八〇歳を超えた父親が、苦労の末に始めた事業に失敗したせいか、還暦を超えたときから「思ったような一生ではなかった。人生が虚《むな》しい」と言い出すようになったという。運動や庭いじりをしたりカルチャーセンターや敬老堂に出かけたりするように何度も勧めたが、何に対しても関心がなく、無気力症にでも陥ったかのようにお酒とタバコ漬けの毎日を過ごしているようである。典型的な老人性うつ病だと思われたので、一度病院に連れて行って診断を受けて治療するように勧めた。

ある高齢女性はどのような話をしても涙を流す。筆者が経営しているソウル市蘆原《ノウォン》区にある「平和の家」を利用している方だが、子どもらの話をしては泣き、亡くなった夫の話をしては泣きの毎日を過ごしている。思春期の少女でもないのに、どこからそんなに涙が流れてくるかと思うくらいである。

急速に核家族化が進み、高齢夫婦二人または伴侶に先立たれて一人で暮らしている高齢者が増えるなか、老人性うつ病の高齢者が急増している。うつ病は高齢者にありがちな疾患である。在宅で生活する高齢者を対象に行った調査によると、二七パーセントの高齢者がうつ症状を訴えており、そのうち約八パーセントはひどいうつ病に苦しんでいる。

実は、韓国の急速な家族関係の悪化は、高齢者がうつ病にかかるに十分な状況をつくり出している。家族の中の主軸が次第に子どもらに移りつつあり、これまで高齢者が享受してきた家族のなかの権威と尊厳が失墜している。定年退職後に感じる孤立感も問題である。退職後は社会活動の幅が狭まり、日々会う人も極端に減少する。特に長年の社会活動から退いた高齢男性は、その後から家庭生活を充実させようとするが、妻と子ども

らから壁を感じる。このような状態で、経済力を失い、健康までもが悪くなると強い喪失感に陥る。

一般的に、六五歳以上の高齢者人口の約一五パーセントがうつ病になるといわれている。欧米の場合、四五歳以上になるとうつ病患者が減るようであるが、韓国ではむしろ五〇歳以上になるとうつ病患者が増える傾向にある。その原因として、世代間の情緒的感情の対立と葛藤、大家族制度の崩壊による急速な核家族化などがあげられている。

老人性うつ病は男性に比べて女性の方が二倍ほど多い。韓国では、高齢女性人口が男性の約三倍である。高齢女性は所得の低い者が多く、それが生活苦につながり、うつ病を引き起こす場合が多い。死別や離婚などで配偶者がいない高齢者もうつ病に陥る危険性が高い。男性に比べて平均寿命が長い女性は夫に先立たれる場合が多いため、男性に比べて相対的にうつ病にかかる人が多いと考えられる。

老人性うつ病になると気力と意欲が落ちて、日常生活と対人関係に障害が生じる。記憶力や集中力も落ちるため、認知症など他の疾患に間違われることも少なくない。実際、認知症を疑って病院を訪ねた高齢者一〇人のうち四人は認知症ではなく、うつ病であったという学会報告もある。認知症患者の約三〇パーセントは、うつ症状を伴った認知症であるという報告もある。

老人性うつ病では、患者自らがうつ状態を訴えることが少ない場合がある。家族もこの病気の深刻さを認識できない場合が多く、なかには仮病を装っていると親の訴えを一蹴する家族もいる。高齢者のうつ病は高齢者が経験する精神障害のなかで結構ありがちな病気である。これを認識せずにそのまま放置しておくと、自殺に至る場合もあるので注意しなければならない。

老人性うつ病を予防するためには、何よりも高齢者自らが高齢期の変化に適応しようとする努力が必要であ

る。また周りの人も高齢者の変化に関心を示すとともに、尊重しているという態度を見せながら情緒的な安定を図るようにしなければならない。特に、老人性うつ病患者には社会や家族の支えと理解が非常に必要となる。寂しさや孤立感はうつ病の発症や悪化と密接に関係している。うつ病を患っている人は、他人に対する関心が薄れ、自ら孤立の道を選び、閉じこもる傾向がある。当然ながら、周りの友人や家族の励ましと手助けがあると、彼らの孤立感は和らぎ、うつ病の症状が改善する。

参考までに、韓国のインターネットで話題になっている現代版「勧孝歌《かんこうか》」（口伝）を紹介しよう。出所は明らかではないが、この勧孝歌は自分の子どもには愛情を注ぐが、自分の親には無関心な現代人の言動を皮肉っている。「もしかして、私もそうではないか」と思わせてくれる歌である。

**勧孝歌**

手塩にかけて育ててくれた親の愛は天よりも高いが
青春の男女が多い世に親孝行者は何処《いずこ》に
結婚する娘は舅《しゅうと》・姑《しゅうとめ》を嫌がり
結婚する息子は分家することに勤《いそ》しむ
わが子が悪戯《いたずら》をしてもニコニコ笑うのに
親が説教すれば聞きたくなくてそっぽを向く

うるさい子どものはしゃぎ声は喜ぶが
親がしゃべると小言だと言い放つ

子どもの大小便は手で触《さわ》るが
親の唾《つば》は汚いと遠ざける
子どもの手にはお菓子袋を握らせるが
親のためには肉一切れさえ買わない

犬が病気にかかると動物病院に連れて行くが
年老いた親が病気になると老衰だと言う
十人の子どもを手塩にかけて育てたけれども
十人の子どもは誰もが親を嫌う

わが子のためには際限なくお金は使うのに
親のために使うお金はあぶく銭ももったいない
わが子は外食によく連れて行くが
年老いた親には外食一回もさせない
親亡き後、親不孝者が孝行者になろうか
嬉しさ募る亡き親の香典

己の身体は親からもらったもの
自分たち夫婦が大切なら舅・姑を大事にせよ
親が生きているうちに親孝行しよう
神様のご加護とわが子どもからの親孝行のために

## 六、豊かな高齢者と貧しい高齢者

「老いるとみな同じだ」という。しかし、高齢者の世界を覗《のぞ》いて見ると、決してそうではない。交通費を節約するために無料の地下鉄に乗ったり(11)、無料の敬老食堂を転々としたりする高齢者がいる一方で、経済力があり高級マンションで豊かな老後の生活を過ごしている高齢者も多い。

一九九七年のアジア通貨危機の余波によってリストラされた五〇代後半のある友人は、一念発起して始めた事業に失敗し、毎日、ソウル市の中心部にある宗廟《チョンミョ》公園で他人の将棋や囲碁を見物する「初老期高齢者」に転落してしまった。この公園は暇を持て余す「貧しい高齢者」でごった返している。そのほとんどはその友人よりずっと年配である。

一方で、裕福な高齢者の暮らしは余裕に満ち溢れている。彼ら自身に経済的な余裕があるだけなく、彼らの子どもらも医師や弁護士、教授など、専門職に従事する者が多い。余裕のある高齢者が集まる場所は宗廟公園ではない。お洒落なコーヒーショップでお茶を飲みながら音楽に興じる。焼酎やどぶろくのような安いお酒で

はなく、心臓病にもよいといわれているワインを楽しむ。社会福祉担当の公務員や社会福祉施設で働く社会福祉士等の援助や支援だけを待ち焦がれる経済力のない高齢者と違い、彼らは設備の調った豪華なシルバータウンで優雅な老後を過ごす。

私の友人の八三歳の母親は、シルバータウンの高級マンションに住んでいる。子どもたちをすべて独立させた後、アパートで一人暮らしをしていたその母親は、息子らのおかげで仲間の高齢者と一緒に食事をしたり趣味活動をしたりしながら、「老後の幸せ」を満喫している。シルバータウンでは食事はもちろん、医療・文化・余暇など、元気な老後の生活のためのさまざまなサービスが受けられる。高額な利用料を支払っている見返りである。

六五歳の夫婦が平均寿命まで生きた場合に必要な生活資金は、約四億ウォン（約四〇〇〇万円）かかるという。年に数回の海外旅行に出かけたり健康診断を受けたり趣味生活などを楽しんだりする場合には、約八億ウォン（約八〇〇〇万円）、ヨーロッパ旅行や世界一周クルージング、ゴルフ、ワインなど楽しみながら老後を送る場合には、約一二億ウォン（約一億二〇〇〇万円）が必要になる。

長生きをすれば、生活費や医療費など、その分だけ費用がかかるので、貧しい高齢者にとっては必ずしも長く生きることが幸せだとはいえない。つまり、平均寿命の延長が高齢期の生活の質（QOL：Quality of Life）の向上とは必ずしも直結しないということである。むしろ、経済力が少ない状態で長生きすると生活の質が落ちる場合がある。実際、速いスピードで産業が変革している韓国社会では、速いスピードで高齢者の社会的・経済的な参加が排除されており、高齢期に新たな収入を得ることはかなり難しい状況になりつつある。皮肉としか言いようがないが、人間の平均寿命が延長された現代社会では歴史上のどの時期よりも高齢者の地位が相

対的に低くなり、経済活動の役割も少なくなった。早くなった定年退職と長くなった寿命を考えると、長寿が「祝福」ではなく「悪夢」となる状況も発生する。

韓国統計庁の「二〇〇九年高齢者統計」によると、六五歳以上の高齢者世帯のうち夫婦のみの世帯の月平均の所得は約一一二万ウォン（約一一万円）である。これは一般世帯の平均所得二八七万ウォン（約二八万円）の三九パーセントにすぎない。高齢者世帯の所得構成比を比較すると、子どもからの小遣い、年金および社会保障などによる所得が全体の五六・九パーセントを占めており、勤労所得は一〇・二パーセント、財産所得は九・二パーセントにすぎない。一九九七年のアジア通貨危機の以降に経済的な不平等が広がったため、近年の四〇~五〇代が高齢者になると、このような不平等はさらに深刻化すると思われる。経済的に余裕がある人びとは余裕のある老後の準備ができるが、経済的弱者はその日暮らしで精一杯である。それでは、あなたの老後はどうであろうか。自分の老後の準備状況を冷静に点検してみる必要がある。

## (一) 高齢者本人が貧しければ親孝行も受けられない

東アジア社会において高齢者が不必要な存在として認識され始めたのは、農耕社会から産業社会に移行する過程で変革した社会システムにその原因がある。以前の農耕社会では尊敬の対象であった高齢者が、近年は無気力で能力の低い保護の対象になり下がってしまった。伝統的な農耕社会においては、高齢者は家では家長として、町では長老として、社会ではリーダーとして、豊かな人生経験に基づいて後世に伝統を伝授するかたわら、社会構成員の間の絆を取り持つ重要な役割を果たしていた。しかし、生産効率性を重視する産業社会の到来とともに、作業能力が低下した高齢者は労働力として必要とされなくなり、雇用の機会を失うようになっ

た。

高齢者は身体的・精神的に無気力であるという一般的な認識は偏見にすぎない。高齢者と活力に関連性が少ないという固定観念も同様である。若い世代は、急変する時代にうまく適応できない高齢者を無能力であると断定する。若者の流行についていこうとする高齢者をみると、大人げないと責めたり怪しい目で見たりする。若者のこのような認識は、高齢者に対する偏見と固定観念による傾向が強い。

高齢者の学習意欲も必然というより、例外的な現象としてみようとする傾向がある。老人福祉館でインターネットを学んだある高齢女性が、外国で勉強する孫娘に電子メールを送った。それを受け取った孫娘はもちろん、家族はみな驚いた。しかし、家族のこのような反応には「高齢期には学ぶ必要はない」という社会的偏見が横たわっている。

物質万能主義が横行する現代社会の雰囲気も、高齢者の地位喪失に一役買っている。子どもが幼いときは親の経済力が子どもの学歴と成績を左右し、子どもが成人すると親の経済力は親孝行の必要条件になっているのが最近の世相である。親と成長した子どもの関係についての国際比較調査によると、「親に経済力があると子どもが頻繁に訪ねて来る」という現象は韓国で最も著しかった。経済力のない親であればあるほど、子どもにそっぽを向かれる場合があるというのが韓国の悲しい現実である。

## （二）　家族間の交流の断絶

三世代の同居世帯から核家族や単独世帯に移行する家族構成の変化は、家族のなかで高齢者に対する否定的なイメージをつくりあげた。高齢者を理解するための認識不足が高齢者に対する固定観念をつくり出した要因

である。現代社会では祖父母と孫の交流が減りつつあり、それによって家族内で世代間の断絶が生じている。一般的に、祖父母と孫との関係が希薄になればなるほど、高齢者に対する子どもたちの認識は否定的になる。最近の子どもたちは、高齢者に対して「汚い」「不潔である」「臭いがする」というイメージを持っている。もしその子どもたちが祖父母と一緒に生活をしていたら、それはむしろおじいさん、おばあさんの香りであると感じたはずである。

近年、家庭は若い世代中心の洗練された空間、合理的な消費空間、子どもの養育の場に変わりつつある。いつの間にか、老父母は家族内の主権が失われたまま迷惑な存在になり下がってしまった。このような「社会の見本」を通じて高齢者は自分の姿を周りから眺める。高齢者自身が家族や近所から疎外されて不必要な存在として認識されていることに気づくと、誰しも自分が価値ある人間であると思わないだろう。高齢者は若者に無用の烙印を押されてしまっているのである。

紀元前二世紀のローマ時代の劇作家であるテレンティウス（Publius Terentius Afer, 紀元前一九五年または紀元前一八五～一五九年）は、「老いはそれ自体が病気である」という言葉を残した。年をとると、さまざまな身体的・精神的障害がもたらされることは仕方ないことである。一般的に、高齢者になると歯が弱くなり、目がかすみ、耳があまり聞こえなくなり、記憶力が減退するなどの心身の障害が現れる。このような高齢者のハンディキャップは社会構成員、特に家族も分け合わなければならない。

私たちが障害者に特別な気配りをすることは彼らの人権を保障するためである。同様に、「老い」という心身の障害を持った高齢者に対する理解や支援の欠如も高齢者の人権問題として考えなければならない。子どもが老父母に仕《つか》えて親孝行することは自然な義務であるとともに、これからは人権保障という観点でとらえる必

要がある。

## 七、躍動するシルバーロマンス

近年、ある新聞に高齢者のラブストーリーが報道されて世間の話題になった。最新設備を備えた有料老人ホームに入居している高齢者同士のロマンスである。そこは入居一時金が三〜四億ウォン（約三〇〇〇〜四〇〇〇万円）、月額利用料が約二〇〇万ウォン（約二〇万円）もする、定員三〇〇人ほどの高級有料老人ホームである。ロマンスの主人公は七四歳の高齢男性と七〇歳の高齢女性である。施設に入居する一年ほど前に妻を亡くした高齢男性と、夫を亡くして三〇年間も一人で暮らしてきた高齢女性は、施設に入居してから間もなく恋に落ちた。

手を握って施設の中を歩いたり隣に座って食事をしたりする二人の関係が周囲に知られるまでにはそんなに時間はかからなかった。二人はたちまち施設の話題の的になった。二人を妬《ねた》む入居者も増えていったが、二人の恋は真剣そのものだった。二人の噂は絶えなかった。とうとう「二人が一つの部屋で過ごしている」だの「某おじいさんが某おばあさんの部屋から出てきた」だの、噂が噂を呼んで二人の関係が施設中に知れわたった。それを見兼ねた施設側は運営諮問委員会を開いて、二人の同棲を認める方向で調整に入った。しかし、それを知った一部の入居者たちが、風紀を乱すという理由からそれに反対した。結局、二人はその施設を退去せざるを得なかった。その後、二人は結婚式を挙げ、民間住宅を借りて一緒に住んでいる。

このように、これまでタブー視されてきた高齢者の愛と性が表面化し始めた。死別や離婚によって相手を失った高齢者が、孤独を乗り越えるためにも積極的な姿勢を見せているのである。結婚相談所の「素敵な出会い善友《ソヌ》」(www.couple.net)は、この数年間、毎年、父母の日(五月八日)に六〇歳以上の者を対象とする無料の「親孝行合コン」を開催してきた。それが話題を呼び、問い合わせと参加申込みが殺到した。高齢者がいつでも新しいパートナーを見つけられるようなシステムを導入している同社のホームページに、自分の写真とプロフィール、求める相手の条件を書き込むと、同社のスタッフが理想の相手を探して紹介してくれるというシステムである。

このように、再び新たなパートナーを求める高齢者が増えている。いまだに高齢者の愛と性をタブー視する傾向が根強いが、高齢者の愛と性に対する渇望はとどまるところを知らない。しかし、今のところ高齢者が異性と出会える機会と場所は少ない。カルチャセンターなどで年に数回の出会いパーティーやグループ合コンが開かれてはいるが、素敵な異性との出会いを求める高齢者の欲求を満たすにはまだまだ十分ではない。

そのため、インターネットが高齢者の新しい社交の場になりつつある。高齢者のための健康サイトである「メドシティ」(www.medcity.com)、「一二五歳の長寿」(www.125years.com)などでは健康と老後の設計、生涯教育などのさまざまな情報を提供するとともに、友人探し、再婚や合コンの相談なども行っている。

「いくら美味しい物を食べても面白いテレビを見ていても、寂しい心身は満たされないのです」

「一人で年をとっていたら心が空っぽになってしまいました」

筆者が運営に参加している社団法人「大田老人《テジョン》の電話」の相談室には毎日のように高齢者の悲痛な叫びが寄せられる。高齢者の孤独や疎外感は多くの高齢者が抱える共通の痛みである。このような心身の寂しさを癒《いや》

す最大の手立ては異性との付き合いである。私たちは、高齢者のシルバーロマンスについて改めて深く考えてみる必要があろう。

## （一）　中高年の愛と性に対する渇望

ソウル市永登浦《ヨンドゥンポ》区のとある路地裏に、通称「シルバー売春宿」がつくられたのは一九九〇年代初め頃である。(12) 約四〇人いる売春婦たちは五〇代の女性が最も多いが、六〇代の女性もかなりいる。若いときに清凉《チョンリャン》里《リ》や彌阿里《ミアリ》などで売春婦として働いていた女性たちが、年をとったせいでこちらに押し流されてきた場合が多いという。ここの問題は売春そのものだけでなく、性欲を解消する適切な方法を見つけられない高齢者が訪ねて来るということである。ソウル市にはここだけでなく、鐘路《チョンノ》区の宗廟公園や冠岳山《クァナクサン》一帯などでも高齢者相手の売春が盛んに行われている。高齢者を相手に売春をする女性たちは、高齢者の性交渉力を補助する機器や補助剤まで持ち込んで高齢者の性欲を解消している。管轄の警察が法律違反として売春女性を取り締まってはいるものの、売春の「需要者」と「供給者」が高齢者であるため、取り締まりをためらっているといわれる。

中産階級以上が利用する有料老人ホームの入居者も異性に対する関心が高い。このような施設には六〇代前半の高齢者が多い。栄養価のある食事に加え、設備も豪華である。男性より二倍以上も人数の多い女性の入居者は普段から念入りに化粧をし、男性の視線を集めようとする。男性らは端整に着飾って女性たちの関心を集めながら、自らの希少価値を見せびらかす。男女の高齢者が連れ立ってお互いの部屋を訪ねたりする。入居者代表を選出する際などは、まるで中学生にでもなったかのような雰囲気で、選挙運動の熱気がむんむんとする。男女が集まって開催する自治会では男たちの間でマイク争奪戦が繰り広げられる。周りの視線を引くため

の虚栄心からである。「物静かに進行する男女の関係」は彼ら入居者の密かな夢である。

高齢者にも、若者に負けずとも劣らない人間の基本的な欲求としての性欲がある。もし若者が年をとったときに自分たちが願う生活の質（ＱＯＬ）を享受したければ、今の高齢者の生活の質も高くしならなければならない。しかし、残念なことに、韓国社会ではいまだに高齢者の愛と性は伝統的な観念に取り囲まれている。若い世代は物質的な豊かさに伴って価値観を変化させているが、高齢者は精神的に儒教思想などの枠組みの中に閉じ込もることを強要されている。

しかし近年、高齢者の意識そのものが自発的に変化しつつある。先に取り上げた「大田老人の電話」に寄せられる相談のうち、約三七パーセントが異性問題に関する相談である。孤独と寂しさを解決しようとする一人暮らしの高齢者の相談件数は、最近かなり増えている。寂しさを解消しようとする行動は、自ずと異性との付き合いと愛と性に対する悩みにつながっていく。

## （二）高齢者だけの熱いロマンス『死んでもいい』

七七歳の朴致圭《パクチギュ》さんは、同じ年頃の李順愛《イスネ》さんに公園で偶然出会って一目惚れする。たちまち恋に落ちた二人は結婚式を挙げる。その後、むさ苦しい朴さんの部屋で二人の高齢者の熱い性行為が行われる。話題になった韓国映画『死んでもいい』の一場面である。この映画は、高齢者を性的欲求とは関係のない世代として認識してきた韓国社会で大きな反響を呼んだ。愛と性の喜びと快楽を味わえるのなら死んでもいいという思いが、映画のタイトルそのものに表れている。まさに、フランスの思想家であるジョルジュ・バタイユ（Georges Albert Maurice Victor Bataille, 一八九七〜一九六二年）が言った、「死の世界にまで沁み入る生」としての

エロティシズムである。

妻が遅く帰って来たと文句を言う夫と、それが悲しくて泣く妻。妻の具合が悪いからといって地鶏料理を拵《こしら》えて来ては「やっぱりわししかいないじゃろ?」と言いながら褒めてほしがる夫。「そうそう、うちの旦那が最高だよ」と合いの手を入れる映像が微笑ましい。とにかく、『死んでもいい』に表れている二人の恋は、高齢者たちの愛と性に対する欲求そのものである。何かと口出ししたい周りの人たちは高齢者の愛と性についてあれやこれや言うが、映画のストーリーは、あくまでも互いを愛し、慈しみ、やきもちを焼くという普通の人びとの日常と何ら変わりない。

七〇代の愛と性のありのままの姿を描いてタブーを破った映画が、韓国社会で封切られたということ自体が信じがたい出来事である。高齢者は年をとってから死ぬ日までの数十年間は愛と性の生活ができないと思われがちだが、健康さえ維持すれば誰もが七〇代でも愛と性の生活が可能である。今後、八〇代、九〇代の高齢者を主人公にした『死んでもいい』の続編が出てくるかもしれない。

韓国映画『死んでもいい』の一場面

# 注

（1）優先席の一部を若者が占領してしまうためであると思われる。日本でもそのような傾向が相対的に強い。なお、本書における注釈は翻訳者が勘案して付記したものである。

（2）日本では子どもを保育所に預ける共稼ぎ世帯が多いため、保育所が足りない現状にある。韓国では少子化の影響もあり、地域によっては保育所が余っている状況にある。韓国とは逆に保育所に預けないで自分たちで子育てする世帯が多いことも保育所余りに拍車をかけている。共稼ぎ世帯も日本に比べて相対的に少なく、保育所に預けな

（3）本書では短期的な通貨変動を考慮せず、長期的な通貨レートを適用しているため、一〇〇ウォンを約一〇円で換算している。

（4）六〇～七〇代の所得が極端に少ないため、また韓国ではまだ年金が充実していないため、高齢者の現金収入はかなり少ない。

（5）韓国の一般企業のサラリーマンの定年退職の平均年齢は五七歳であるが、男性は五五歳、女性は五二歳から早期退職する場合が多い。

（6）「老人福祉法」に規定されている老人余暇福祉施設の一つで（第三六条第一項）、高齢者の社会活動参加ニーズに対応するため、健全な趣味生活・健康維持・所得保障、その他日常生活とかかわる学習支援プログラムの提供を目的とした余暇施設である。「老人教室」または「老人大学」と呼ばれる場合もあるが、二〇〇九年末現在、約一五〇〇か所が設置されている。

（7）「三八六（サム・パル・ユク）世代」とは、一九九〇年代に三〇代で（二〇一〇年現在は四〇～五〇代）、一九八〇年代に青春時代を送り、一九六〇年代に生まれた人びとを指す。一九八〇年代後半に韓国で発売されていたインテルのi386プロセッサ搭載のパソコンを「386パソコン」と呼んだことにちなんで命名された。

（8）ここでいう「どんぐり」とは、個人が運営するブログなどの中でゲームのアイテムを購入する際に必要なサイバーマネーである。インターネット上で取り引きされる一種の仮想通貨（virtual currency）である。

（9）「老人福祉法」に規定されている老人余暇福祉施設の一つで（第三六条第一項）、高齢者の教養・趣味生活および社会参加活動などに対する各種の情報とサービスを提供し、健康増進および疾病予防と所得保障・在宅福祉、その他高齢者の福祉の

増進に必要なサービスの提供を目的とした余暇施設である。

(10)「老人福祉法」に規定されている老人余暇福祉施設の一つで（第三六条第一項）、高齢者の自主的な親睦活動、趣味活動・共同作業場の運営および各種情報の交換、その他余暇活動の場所の提供を目的とした余暇施設である。

(11) 韓国には社会手当として六五歳以上の高齢者が首都圏の電車、地下鉄、バスなど、公共交通機関を利用する際には無料で乗車できる「老人乗車券制度」がある。また故宮、墳墓、お寺、国公立博物館、国公立公園、映画館などを利用する際には割引値段で利用できる。さらに、鉄道や国内航空機および国内旅客船の運賃は一定額が割引きになる。

(12) 韓国でも売春は「性売春特別法」（法律第七一九六号、二〇〇四年三月二二日制定、二〇〇四年九月二三日施行）によって禁止されている。しかし、取り締まりを逃れて不法に売春する女性が後を絶たない。

# 第二章　高齢期の愛と性

## 一、高齢者の愛情表現は醜いのか

恋愛に落ちた二人の高齢者が仲睦まじく生きていく姿を赤裸々なタッチで画いた映画『死んでもいい』は、もしかすると、「高齢者は、愛と性には無関心であり、性的興奮も感じられない」というこれまでの常識に対する一種の宣戦布告であるかもしれない。愛と性は若者たちだけの専売特許ではない。高齢者も愛と性を楽しむことができ、性欲もある。ただ、若者たちと比べて愛と性の表現の方法が異なるだけである。

この映画が上映された後、「シルバーロマンス」という言葉が流行するようになったが、まだまだ高齢者の愛と性に対する韓国社会の視線は冷たい。若い男女が公共の場で手を握ったり軽いスキンシップをしたりすると「愛し合う姿が微笑《ほほえ》ましい」と言う。ところが、高齢者が同じようなことをすれば、「年甲斐もなくみっともない」と眉をしかめる。このように、人びとは「偏見」という鎖で高齢者を縛っている。ご年配の方はこう

も言う。

「君たちも老いてみろ。たとえ身体は老いても心だけは青春だぞ」

若者たちは高齢者を見ながら、こう思うだろう。

「あの方たちも異性のことを好きになるのだろうか」

「あの方も異性を恋しがるだろうか」

そして「そうではないだろう」と漠然とした判断を下す。しかし、それは真実ではない。

私たちが「高齢者の愛と性」について考える内容は、彼らの実際の気持ちとはかけ離れている。私たちの脳には、誤解・偏見・固定観念などがぎっしり詰まっている。若者たちは高齢者を愛と性の対象者として容認したがらない。そのうえ、高齢者が「愛と性の対象者」として現れてもそのことが事実でないことを願う傾向がある。高齢者は愛と性に対する関心や能力のない存在、そして高齢者の人生において愛と性はそれほど重要ではないと片付けてしまう。

仲睦まじい結婚50周年の金婚式

## （一）　偏見に満ちた高齢者の愛と性

若者たちは、年をとると誰でも必ず高齢者になるという当然の事実を忘れて日々を生きている。このような態度は、高齢者問題に対して真剣に取り組む雰囲気を阻害し、一種の社会的な「禁忌」をつくり出す。「人は女に生まれるのではない。女になるのだ（On ne naît pas femme : on le devient）」と話したフランスの作家

シモーヌ・ド・ボーボワール（Simone Lucie-Ernestine-Marie-Bertrand de Beauvoir, 一九〇八～一九八六年）は、彼女自身の著書『老い（La Vieillesse）』（人文書院、一九七二年）においてこのような禁忌を打ち破ろうとした。

近代社会における高齢者の愛と性を歪める偏見は、英国の作家オスカー・ワイルド（Oscar Fingal O'Flahertie Wills Wilde, 一八五四～一九〇〇年）の作品『幸福な王子（The Happy Prince）』（新潮社、一九六八年）にも表れている。ワイルドは「若さ」を価値ある唯一の権利としながら、それに美しさ・性欲・性などを関連付けた。青春こそ最高の美しさであり、愛と性を楽しむことは青春の特権であるという。彼は「自身が犯した失敗を繰り返せる人は老いない」と言うほど、青春に対しては失敗まで寛容に受け入れた。幸い、愛と性に対するこのような古典的な見解が近年変わってきており、社会もだんだん老化を受け入れる生活様式に少しずつ慣れてきている。

ともあれ、「変わらぬ愛と性」の生活を維持している高齢者は少なくない。にもかかわらず、雑誌や映画、テレビなどの大多数のマスメディアでは、高齢者の愛と性に関する描写を敬遠する。高齢者の愛と性に関する話が高齢者の生活の一部であっても、人びとにはそれほど興味がないためであろう。実際、絶対多数の若者や中年層は高齢者の愛と性の描写にあまり関心を示さない。たまに示しても、高齢者に関する愛と性の描写は同じ年代の男女が主人公とはならず、主に若い女性と高齢の男性の関係を表現するものがほとんどである。それらも通常の描写ではなく、若い女性の魅力的な姿に高齢男性が刺激を受けて恍惚に達する様子を描写する水準にとどまっている。

## (二)　高齢者の性交渉力はないと決めつけるな

男性にしても女性にしても、特に高齢者の愛と性の表現は、醜いものであると認識されている。特に高齢女性が性的な表現をした場合は、色情が強い変態として描写される。また、愛と性を求める場合は、その場面が滑稽《こっけい》に描写されたりする。欲望と快楽は年をとらない場合があるにもかかわらず、なぜそのような偏見が蔓延しているのだろうか。

女性は閉経すると性欲が落ちるというのは先入観であり、オーガズムを感じることができないというのも憶測にすぎない。アメリカ合衆国の生物研究者（男性）のキンゼイ（Alfred Charles Kinsey, 一八九四〜一九五六年）が一九五〇年代初頭に発表したアメリカ人の性生活実態報告書、別名「キンゼイ報告（Kinsey Reports)」によると、女性の場合は、年をとるほどオーガズムを感じる程度が高まるという。長い間の性生活の経験が糧となり、若い女性に比べて敏感になるためであるという。

高齢男性の性生活に対する見方は両極である。一つは、年をとると若いときと違って性交渉力が弱くなり、性欲まで消えるという見方である。もう一つは、高齢者なのに若者のように性生活を楽しめるという見方であり、それができる男性は同年代の男性からうらやましがられる。

高齢者の性交渉力をめぐってのさまざまな現実あるいは偽りに関する評論は、高齢期の健康な性生活の障害として作用する。しばしば高齢者になると性交渉力が落ちると同時に、関心も薄れてまったく性行為をしないと思われている。そのため、高齢者が性行為をするのは、むしろ正常の範囲からはみ出た異常であるという見方までする。適切な性生活は高齢者の生活の活力であり、生命の源泉となる。にもかかわらず、若者たちはもちろん一部の高齢者でさえも、高齢者の性生活を不潔なものとしてタブー視している。これが問題である。

高齢者は性生活がはたして可能だろうか。あなたがまだ二〇代または三〇代であるなら、こういう疑問を持つ可能性が高い。実は、西欧社会でも一九六〇年代以前までは、高齢者は成人のなかで単に年齢がさらに高い人びとであると認識されるだけで、特別な存在として関心の対象ではなかった。彼らの性行為や老化過程に対する関心はほとんどない状況であった。しかし、二〇世紀後半に入って高齢者人口の増加に伴い、老化機序の研究が始まったのを契機に、高齢者もその研究の対象としてみなされるようになってきた。西欧社会における高齢者問題の研究者らは、それまでに議論されていた高齢者に対する社会的な固定観念についても研究し、一つの調査結果に至った。それは、多くの高齢者が年をとっても愛と性の行為を続けるということであった。

キンゼイ報告によると、六〇代の高齢女性の愛と性的関心は一〇代と同じであるが、年をとりながら性行為の頻度が少しずつ減るだけであるという。一九七六年に発表されたアメリカ合衆国の著名な性研究者（女性）のシャロン・ハイト（Sharn Hite）の報告書にも同じような内容が含まれている。高齢男性も女性と同じく年をとるにつれて性行為の頻度は減るが、配偶者と同居している場合は性的な行為を継続する場合がほとんどであるという。キンゼイ報告では男性の場合、同じ年齢層でも教育水準が高いほど性行為の回数が多かった。そして、妻が若いほど高齢期に入っても性生活が続く場合が多かった。ただし、若い妻を持つのが男性の長寿の必要条件になるのではない。あくまでも相互の健康状態が良好であってこそ性欲が起きて性生活が長く持続すると思われる。

年をとったとしても、配偶者としての魅力がなくなるわけではない。一九九九年に、アメリカ合衆国の高齢者団体の米国定年退職者協会（AARP）が四五歳以上の成人一三八四人を対象に実施した性意識調査によると、「年をとっても配偶者は依然として肉体的に魅力的」という調査結果が得られている。もっと驚くべきこ

とは、満六〇～七五歳の六四パーセントが「配偶者は肉体的にとても魅力である」と評価したことである。これは満四五～五九歳の五九パーセントより高い数値である。また満七五歳以上の男性は二六パーセント、女性は二四パーセントが性行為をしていた。

それでは、韓国の高齢者の性生活の実態はどのようなものだろうか。「大田老人の電話」が六五歳以上を対象に行った性生活実態調査「高齢者の性生活実態調査報告書二〇〇五年」にその実態が報告されている。以下は、老人福祉館と敬老堂を利用している六五歳以上三一〇人の調査結果である。

まず注目すべきは、高齢者の性行為の相手は誰なのかということである。配偶者が相手であると回答している高齢男性は六四パーセント、高齢女性は三九パーセントであった。性行為の頻度は、高齢男性の七〇パーセントが月一回以上であったが、高齢女性はその回数が相対的に少なく、六か月に二回以上が五〇パーセント程度であった。性生活の満足度では高齢男性は概して満足している反面、高齢女性は満足していないという傾向が見られた。高齢男性の場合、性的な衝動を最も強く感じるときは成人雑誌やテレビでポルノグラフィーを観たときであり、次いで魅力的で美しい異性に接したときであった。人間は年をとっても性的に刺激されたり、魅力的な他の異性が目に入ったりすると性的な衝動を感じるということであろう。

それでは、高齢者は性的欲求を感じたとき、どのように解消しているのだろうか。男女の合計で見た場合、「異性との直接的な性行為を通して解消する」が三五パーセントであるが、「我慢する場合」も二八パーセントであった。これを性別に見ると、高齢男性の場合は四三パーセントが異性間の性行為で解消している反面、高齢女性は我慢する場合が四一パーセントと最も高く、対照的であった。配偶者以外との性行為の経験の有無においても性別では大きな違いが見られる。男性の約三八パーセントがその経験がある反面、女性はたったの二

パーセントであった。

このように、私たちがしばしば「老人」と呼んでいる彼らも間違いなく性生活をしている。性欲は人間の基本的な欲求の一つであり、高齢期に入っても完全には失われていない。年齢を重ねることによって愛と性に対する関心や欲望が少しずつ異なるだけである。高齢者は定年を迎えて社会から引退したかもしれないが、性生活から引退したわけではない。愛と性には決して定年はない。

## 二、高齢者の愛と性に対する偏見は人権侵害

ギリシャの大文豪であるニコス・カザンチャキス（Nikos Kazntzakis, 一八八三～一九五七年）の小説『ギリシャ人ジョルバ（Zorba the Greek）』に登場する高齢者は、愛と性に対して情熱的な姿で描写されている。主人公であるジョルバ青年のおばあさんはもう八〇歳を超えているのに、土曜日の夜になるといくらも残っていない自分の髪の毛をとかし、分け目を綺麗に整え、お化粧をし、窓辺に座って自分を誘ってくれる男性を待つ。それは毎週土曜日の夜、若い男らが窓の外でセレナーデを歌っていたからである。

しかし、若い男性たちがセレナーデを歌っていたのは、ジョルバ青年の隣の家に若い女の子が住んでいたからである。そのことを知ったジョルバ青年は、「若い男らが集まってくるのはおばあちゃんのためではなく、うちの隣に若い女の子が住んでいるからだよ」とからかった。傷心して弱々しくなって臨終を迎えたジョルバ青年のおばあさんは、自分をからかって自分の人生を終わらせた孫のジョルバ青年を罵《ののし》りながら死んでいく。

一〇〇歳を超えたジョルバ青年のおじいさんも死を前にして、若い女性らを眺めながら涙を流した。「彼女らをこのままに残して死んでいくことを考えると、悔しくてたまらない」と。ジョルバ青年のおばあさんもおじいさんも、たとえ心身は老いたとしても、その心身の中には依然として男女の愛と性が宿っていたのである。

## (一)　高齢者は無性《むせい》が美徳?

韓国の高齢者は、カザンチャキスの体験談である『ギリシャ人ジョルバ』に登場する高齢者らと違い、「純潔主義」にとらわれすぎているのではないだろうか。韓国の高齢者は残った人生を「潔く生きて静かに死ぬこと」を強いられる。これは、ある一種の精神的な現代版「高麗葬」(1)である。人間は独りでは孤独すぎる。高齢者はなおさら孤独であるのに、若者が異性を恋しがると「愛」であり、高齢者がそれを恋しがると「みっともない行為」であると決めつけられる。

私たちの現実はジョルバ青年のおばあさんやおじいさんとはかけ離れている。高齢者には愛と性の欲求は存在しないと思ってしまう。たとえ性的欲求の本能を認めているとしても、その欲求充足の重要性を若者は見過ごしたり無視したりする傾向が強い。高齢者は、孫を世話したり昔話をしたり植物の育て方にのみに関心を持つ人とされ、愛と性の生活はむしろ健康を害すると考えられがちである。また老後の異性間の性的交流は風紀を乱す行為であると若者は認識している。

高齢者の頭の中には性的エネルギーもそれなりに旺盛に存在する。しかし残念ながら、韓国社会では愛と性に対して前向きな姿勢を示す高齢者を見つけるのは容易ではない。韓国の高齢者は、年老いた悲劇作家のソフォクレス(Sophoklés, 紀元前四九六～四〇六年)に似ている。古代ギリシャの哲学者のプラトン(Platon,

紀元前四二七〜三四七年）の『国家（Politeia）』（岩波文庫、一九七九年）の対話の中で、ソフォクレスは、「まだ性行為をしているのか」という人びとの問いかけに対して「まるで恐い主人から逃げられた奴隷のように、そこから抜け出したのがどれほど嬉しいかわからない」と答えた。

性欲が消えるのを「解放」と考えたソフォクレスのように、私たちは自分たちの年老いた両親と祖父母は年をとるにつれて性欲を失い、そのおかげでむしろ安らかになっただろうと想像している。そして高齢者の性欲が退化するのは当然のことであり、美徳であるとまで思う。さらに、性欲だけでなく、すべての欲望が少なくなると断定する集団的慣習が韓国社会には存在する。韓国映画『家へ』（二〇〇二年）[2]の高齢女性のように、無欲と忍耐の存在であってこそ感動を呼ぶ。一生をかけて貯めておいた財産を死の直前に世の中に寄付した高齢者、数十年間にわたって愛と性を禁欲しながら子どもを立派に育てた犠牲的な高齢者、利己心と快楽には無縁の高齢者だけが社会の崇拝の対象となる。

青年の欲は「野望」であり、高齢者の欲は「老欲」であると蔑《さげす》まれる。情熱や欲望の代わりに、沈黙と犠牲が高齢者の徳目であると信じている世の中の慣習は、高齢者に明らかに圧力として作用する一種の「精神的暴力」といっても過言ではない。人びとは、このような無言の圧力が高齢者に対する虐待や人権侵害に至る場合があるということを知らない。

95歳の広告モデル

誰でも年をとれば高齢者になる。誰しも高齢者問題からは解放されない。人間は誰でも若く長く生きたがる

が、結局は老いながら死に向かう。老いの敵である孤独と寂しさを解決するためにも、その一手段として愛と性に対する欲望を満たすことは考えられないだろうか。近い将来、韓国の高齢者も周囲の干渉や偏見を気にせず、愛と性に対して堂々と活動や参加ができるようになる日がきてほしい。

## （二）純潔主義にとらわれている韓国の高齢者

「高齢者の愛と性」に対する無知からそれを制限する雰囲気のなかで、韓国の高齢者は自らも愛と性を閉ざして生きている。外部からの偏見のため、自分の性的欲求を自由に表現できなくなり、社会から強制された禁欲により自らを抑制する。

私たちは、高齢者の性欲を「すでに消えた過去の栄光」という程度にしか認識しない。年老いた夫婦が同じ寝床で寝ることさえもみっともないと決めつけてしまう。それを意識した本人たちも別々の寝床で寝ることを願う。高齢者のプライバシーが家庭内で保護されずにいるのが韓国社会の現実である。これには、性行為自体を不潔に考えたり、性行為を子孫の繁殖のための生殖行為でしかないと認識したりする韓国社会の文化的偏見が大きく作用している。

「高齢者には愛と性は重要でない」
「性的活動に対する高齢者の興味は正常ではない」
「高齢者の再婚は推奨してはならない」
「養老施設等に入所する高齢者は男女別に分離しなければならない」
高齢者の愛と性に関連したこのような偏見は、一般人はもちろん保健医療および社会福祉分野の専門家、そ

して高齢者自身にまで蔓延しており、このような偏見は高齢者の愛と性に対する否定的な社会認識をつくり出した。高齢者の性的活動の減少は年齢より社会的環境、周りの人びとの態度などに大きく影響される。韓国社会においては、高齢者が愛と性に対して強い興味を示すことを不道徳で非常識であると決めつける偏見がある。これにより、高齢期の性的活動に対して漠然とした不安と罪悪感まで持つようになる。

しかし、高齢者の相当数はまだ性的活動を望んでおり、興味と関心を持ちながらそのような行為を持続したいという欲望があるという事実を忘れてはならない。高齢者も若者と同じように愛と性に対していろいろと考え、欲望もあれば夢の中でもこれを楽しめる。性的興味こそ、年をとりながらも枯れない最後まで残る欲望であり、大切なものであるという事実を見過ごしてはならないのである。それには、高齢者の性的活動に対する理解とともに、社会的な配慮も求められる。高齢者が性的活動を維持するためには、高齢者の性的活動を萎縮させ、しかも高齢者の愛と性を取り巻いている歪曲した常識を是正しなければならない。

高齢者の愛と性の問題今になって急に現れたものではない。ただ、社会的に公の場で議論できなかっただけである。しかし、社会制度と認識の変化などにより、ある程度は公にそれを議論できる社会的な雰囲気が形成されてきたと言える。今からでも遅くない。高齢者の愛と性の問題は、明るいところで包み隠さずに議論されるべきである。性欲は否定できない人間の本能であり、本能があるということは生きているという証《あかし》でもあるからである。

## 三、どのように老いていくか

人間がこの世に生まれ、次第に年をとって死んでいくのは、誰もが知っている当たり前の事実である。それなのに、老いることは悲しく、できれば避けたいものである。また老いたくないとか、綺麗に年をとりたいと思うのはすべての人間の願望でもある。不老長寿を享受しようとしていた秦の始皇帝（紀元前二四六〜二一〇年）も、結局は墓の中に入り、一握りの土と化した。人間の生老病死は大自然の摂理である。他人より少しでも長生きしたいというのは万人の共通の願いであるが、十長生《シプチャンセン》[3]のように数百年も長生きする人はいない。人間は誰もが年をとりながら老いていく。また、人体の老化現象はさまざまな病気と関係しており、人間の寿命にも影響を及ぼす。

人間の寿命には限りがあり、これを変えることはできないが、石器時代の人間の寿命と現代人の寿命に大きな差があるのは、乳幼児死亡率の低下と中年期以降に発症する生活習慣病などを予防または治療できたおかげである。最近の研究によると、人間の寿命の限界は九〇歳から一二〇歳の間だといわれている。また、老化を究明する多くの学説によると、老化とは特定の組織だけではなく全身で徐々に進行し、細胞内の微細構造の変化や、人体の中から元気な細胞が徐々に減少していくことを指す。

## （一）　老化に伴う身体的な変化

　人間には約六〇兆個もの人体細胞があるが、毎日数億個ずつ生成と消滅を繰り返している。加齢に伴って各器官の細胞組織が本来の機能を発揮できず、回復能力も徐々に減少する。そのため、元気な細胞の数が相対的に減少して老化現象が現れる。老化は概して細胞数の増加が終わる二五歳頃から始まるとされる。老化現象について諸説では次のように言う。

　まず老化が現れる部位の一つは皮膚である。元気な皮膚は表皮が厚くて弾力性があるが、老化が始まると徐々に表皮が薄くなって弾力性がなくなり、顔面などにしわができ始める。また人体のなかで成長の早い部位の一つが毛髪だが、代謝のバランスが崩れると毛髪の老化が始まる。白髪が出たり毛髪が抜けやすくなる。一度抜けるとそこから新たに生える毛髪が少なくなる。骨組織にも老化が生じ、背柱が曲がって小さなショックにも骨が折れやすくなる。筋肉の萎縮も始まり、腹部と臀部、胸などに脂肪が蓄積される。老眼となり、血管の弾力性が減少する。記憶力の減退も目立つようになる。

　実は、人間は二〇歳を過ぎると脳細胞が次第に減って記憶力はもちろん脳機能まで衰退し始める。身体老化が進行するとほとんどの人びと、特に男性が深刻かつ敏感に感じるのが性交渉力の減退である。男性の性交渉力と性欲の減退は三〇代前半から現れ始めるが、女性の場合は三〇代前半に性ホルモンの分泌が成熟するため、男性に比べて減退期の初期が相対的に遅い。

　最近は生物学的な変化だけで老化をとらえるのではなく、精神的・社会的な変化も考慮して老化を理解しようとする傾向がみられる。生物学的な老化は白髪が増えたり老眼や聴力が弱くなったりする現象、精神的な老化は動作が以前に比べて緩慢になったと感知する現象、社会的な老化は社会的な役割が減ったことで老化をとらえ

るものである。祖父母になったり定年退職などが老化を感じる要因となる。ある人が生物学的には老化しても、精神的には老いていないと感じ、まだ現役のまま仕事をしていたとしたら、私たちはその人のことを短絡的に「老いた」とは断定できない。

年をとったと感じるのは心の問題でもある。心さえ若ければ問題は少なく、生物学的な年齢に余計にこだわる必要はない。心の若さを維持するためには、まずは精神的な老化を防がなければならない。すなわち、幸せで希望に満ちた精神状態を維持することで心の若さを保ち、老後の人生を享受できる。精神的に不安定で、柔軟性を失う精神的な老化は、身体的な老化よりもっと深刻な高齢期の性交渉力を弱める要因の一つである。

## (二) 楽しくホモ・エロティクスになれ

一〇〇歳を超えても元気そのもので長生きしたという一七世紀のイギリスの伝説的な人物トーマス・パー(Thomas Parr, 一四八三〜一六三五年) は、有名なイギリスのスコッチウイスキー「オールド・パー (Old Parr)」のモチーフになった人物である。彼が一五二歳になった年、イギリス国王のチャールズ一世が彼を王宮に招き、当時最も有名な画家であるルーベンス (Peter Paul Rubens, 一五七七〜一六四〇年) に彼の肖像画を描かせた。その絵がまさしく「オールド・パー」のブランドイメージとして今日に伝わっている。

農夫として生きてきたパーは、八〇歳のときに初めて結婚して一男一女をもうけた。一〇二歳のときに強姦罪で捕まって一八年間の獄中生活を終えた後、一二〇歳の時に四五歳の女性と再婚した。一三〇歳になるまで農作業をし、一四〇歳まで円満な性生活をした。一五二回目の誕生日を迎えたパーがチャールズ一世によって王宮に招かれたとき、目の前に並べられた海と山の幸の誘惑に勝てずに過食をした結果、急死してし

まった。彼が亡くなった後、イギリス王立医学協会は当代の名医ウィリアム・ハーベー（William Harvey, 一五七八～一六五七年）[4]の執刀により彼の遺体を解剖したが、彼の内臓からは一つも異常が見つからなかった。驚くべきことに、彼の内臓組織は若い青年のそれと同様であったという。

ほかにも、ハンガリーのヤノースロウェン夫妻は、一四七年間という結婚生活の世界記録を打ち立てた。夫が一七二歳、妻が一六四歳になった年の同じ日に、一一六歳の子どもに見守られながら二人ともこの世を去った。「キンゼイ報告」によると、九四歳のアメリカの農夫が二七歳の妻との間に子どもをもうけている。また夫は八八歳、妻は九〇歳で性生活をしている黒人夫婦の事例も報告されている。

このような長寿者の共通点は、性生活をしながらも健康を維持していたということである。人間に関するさまざまな定義があるが、人間を性と関連づけて「ホモ・エロティクス（Homo Eroticus）」[5]と定義する場合がある。人間をこのように定義するのにはそれなりの理由がある。人間の性行為は動物の交尾とは本質的に異なるからである。

精神分析者のフロイト（Sigmund Freud, 一八五六～一九三九年）が言ったように、「人間は性的動物」でもある。ジョン・ペリー（John Perry）、ビバリー・ホイップル（Beverly Whipple）、シャロン・ハイト（Sharon Hite）などのアメリカ合衆国の性研究者らによると、発情期が特に決まっておらず、いつでも交尾できる動物は人間とピグミーチンパンジーだけだという。人間は他の動物と違って発情期が決まっていないため、種の保存のためだけでなく、短絡的に快楽のためにも性行為をする。もちろん人間も他の動物と同じく、性ホルモンの分泌によって性的な反応と機能が変化するが、人間の性行為にはもう一つの制御組織である大脳新皮質[6]が作用する。

大脳新皮質は言語を通じて自分の感情と衝動を統制するところである。性欲、食欲、睡眠欲など動物的本能を感知するところは脳の視床下部であるが、人間は視床下部で感じる性欲を大脳新皮質を通して統合し、増幅させたり抑制したりする。人間が性欲を感じる対象と程度は人によって異なるが、時に過剰な性欲が起こる理由もここにある。

人間は、脳をどのように機能的に活用するのかによって性ホルモンの分泌量が大きく異なってくる。「Sex mechanism A to Z Positive Thinking」（アメリカ合衆国、一九九五年）[7]によると、ブルーカラーよりホワイトカラーの方が性欲が強いという。精神活動が活発な人は性的にも敏感であるといわれている。しかし、学問的知識が多いとか計算能力の優れた人が必ずしも性欲が強いという意味ではない。ここでいう「精神活動」というのは、豊かな感性を持ち、常日頃から絶え間ない興味と想像力を維持することをいう。

年をとったということを言い訳にして、すべての事柄に無感覚になると老化を早めるだけである。日常のすべてのことに好奇心を持って喜びを見つけ出すことは、自然の摂理である老化に対して人間だけができる逞《たくま》しい抵抗である。

## 四、使いなさい、そうしないと失われる！（Use it, or lose it!）

「白い雪が屋根を覆《おお》ったとしても、家の中の暖炉が燃えないわけではない」

これは、高齢者の愛と性を喩《たと》えた西洋の格言である。「年をとってからの浮気が床《とこ》を擦り減らす」という韓国の露骨なことわざからもわかるように、白髪としわに比例して性欲が落ちるとは限らない。人間の性生活には三段階のプロセスがあるという。第一段階は、世の中に生まれて成長するにつれて性を自覚し、異性と初めて付き合うまでの性の発育期である。第二段階は異性と出会って結婚し、性行為を継続する性の青年期であり、第三段階は性行為を休息しながら男性は男として、女性は女としての余生を過ごす性の壮・晩年期である。

一般的に、性交渉力が老化すると男性は勃起や射精が困難になり、女性は膣内の潤滑機能が下がると同時にオーガズムに達することも困難になる。しかし最近、深刻な病気にかからない限り、男女とも九〇歳代まで性行為が可能であるという研究結果が発表された。したがって、健康に留意すれば、性生活は死ぬまで可能である。高齢者の性行為の頻度はだいたい月平均一回程度である人が多い。中年期以降に性生活が活発であればあるほど、性交渉力は長く維持される傾向にある。高齢者が性生活から遠ざかるもう一つの理由は、相手がいない、または性生活を続けることに対する罪悪感などの心理的な抵抗感からである。

しかし、動物の生態に目を凝らせば、生殖欲求の消失は生きることに対する意欲の低下を意味する。生殖機能の停止は自然淘汰、すなわちもうじき死が差し迫っているという予告のようなものである。したがって、人

間の性行為放棄は、老化による死を急がせる行為であるといわざるを得ない。

## （一）減少はするものの決してなくならない高齢者の性交渉力

性交渉力に関するこれまでの医学的な報告によると、性交渉力は男女ともに一〇代後半から二〇代で高く、その後は徐々に衰退する。男女とも六五歳までは問題なく性生活が可能であるが、六五歳を過ぎると次第に心身の生理的老化現象が出現する。具体的には、男性は男性ホルモンであるテストステロンが三〇歳代から徐々に減少する。そのため、性欲も減退し、愛と性に対する欲求もだんだん減少する。睾丸は少し小さくなり、陰茎の勃起度も少し落ちる。勃起をもたらす陰茎の刺激がより必要になるだけでなく、射精力と精液の量も少しずつ減少して勃起不全が増える。特に心臓病や高血圧、または糖尿病にかかっている人は勃起不全に陥る場合が相対的に多い。勃起不全というのは、性行為を継続させるための勃起状態を維持できないことをいう。しかし、勃起不全は適切な診断を受けて治療を受ければ、性生活を持続的に楽しむことができる場合がある。

いずれにせよ、勃起不全は男性にとっては特有の精神的な意味合いもある。勃起不全に陥ると、男らしさの喪失という不安に駆られ、自信を失ってうつ病にまでなってしまうことがある。年をとれば他の身体機能と同じく性交渉力も退行するということは自然の摂理である。しかし、性交渉力が退化したからといって、性交渉力を完全に喪失したとはいえない。老眼になっても視力を完全に失っているのではなく、眼鏡をかければ見えるようになる。このように老人性勃起不全も、年をとれば目がかすんだり聴力が低下したりするのと同じだと思えばよい。減退や軽減は完全になくなるということではない。

## （二）　使うほど悪い？　良い？

韓国で六五歳以上五〇〇人を対象に行った高齢者の性の実態調査によると、配偶者がいる人の五一パーセントが性生活をしている。興味深いことに、高齢期の性生活について賛成する立場の人と反対する立場の人が、その根拠として同じ「健康上の理由」をあげている。高齢期の性生活について賛成の立場を示している人の四九パーセントが「性生活は老化防止および健康に役立つ」と、逆に反対の立場を示している人の一八パーセントが「健康に有害だから」とその理由をあげている。

一つの性生活に対して「健康上の理由」というまったく同じ根拠をあげ、一方は賛成して他方は反対している。この結果は、いまだに性科学が科学として人びとに広く伝わっておらず、性生活が主観的な経験や評判によって左右されているということの実証でもある。それでは、どちらが正しいのだろうか。

高齢期の性生活が健康に有害であるという立場の人は、主に過度な興奮による心臓発作などを問題視しているようである。これは心臓に問題がある人にとっては明らかに事実である。しかし、病院で診断を受けた結果、心臓に特段に異常がないと判明された人には問題の少ない話である。むしろ、適切な性生活はホルモンの分泌を促進し、免疫力を高めてくれる。高齢男性の場合、規則正しい性生活は前立腺疾患の予防に役立ち、高齢女性の場合は骨粗鬆症の予防にも役立つという、アメリカ合衆国のエール大学の研究チームによる研究結果もある。性生活で脳が刺激されるので、認知症と物忘れに効果があるともいわれている。

何よりも重要なことは、性生活が高齢者の日常生活に及ぼす心理的な影響である。性生活はエンドルフィンを分泌させて日常生活に張りを持たせるだけでなく、老後に対する前向きな自我の形成に重要な役割を果たす。すべての性生活が健康を害するというのは、高齢者の愛と性に関する誤った偏見がもたらす迷信にすぎな

いと思われる。

六五歳以上の長寿高齢者六〇〇〇人を対象に行った旧ソ連でのある調査報告書によれば、一人暮らしの人は一人もおらず、全員が正常な性生活を営む人であった。高齢期の性生活が寿命を縮めて健康を害するという世間の俗説が反証された報告である。禁欲だけでは、健康維持はもちろん長寿にも役に立たず、むしろ健康を害するということが一般的な見解でもあろう。

## (三)　性行為の「用不用説」

キリンの首はどうして長いのか。高いところの木の葉を食べるために首を上に伸ばしていたら首が長くなったというのが、フランスの生物研究者であるラマルク（Jean-Baptiste Pierre Antoine de Monet, Chevalier de la Marck, 一七四四〜一八二九年）が提唱した用不用説である。よく使う組織は進化し、あまり使わない組織は退化するというのである。この用不用説は、遺伝子の形態は子孫に伝達しないという理由から受け入れられていない。キリンの首が長くなった理由は、もともと首を長くする遺伝子を持って生まれたからであって、首を多く使うことによって後天的に長くなったのではないという説である。

しかし、用不用説は完全に廃棄された学説であろうか。そうではなく、後代にまで遺伝しないとしても、少なくとも当代の機能は使えば使うほど発達するであろう。

「最近、勃起力が落ちて性生活が怖い。バイアグラ[8]を飲めば確かに一時的には効果はあるが、薬に依存して性生活をしているといずれは性不全に陥るのではないかと心配だ」

このような話をする高齢者をたびたび見かける。しかし、重要なことはバイアグラを飲むか飲まないかの問

題ではない。高齢男性は、そのような場合でも元気よく勃起ができる経験をすることが重要である。二〜三か月以上性行為をしなくなると性器は急速に萎縮して勃起不全が悪化し、六〇歳以上の人が六〇日以上禁欲を続けると性不全に陥り、性交渉力が減退してしまうという。高齢女性も規則的に性生活をすると性交渉力を維持できる。文字どおりの用不用説である。

用不用説は、特に高齢男性には切実であろう。磨かなければ錆びつくのは鉄だけでなく、人間もしかりである。人差はあるが、年をとるほど性感が鈍くなり、特に勃起にかかる時間が長くなる。男性の精液は涙や唾のような外分泌物である。青・中年期には性的刺激によって三〜五秒くらいで勃起するが、六〇〜七〇代になると、それより三倍くらいの時間が必要となる。そして射精後に再び勃起するまでにかかる時間、すなわち射精能力の回復時間が青年は三〇分くらいであるのに対し、中年は一〜二時間、高齢者は一二〜二〇時間もかかる。

性交渉力は体調によって一時的に良くなることも悪くなることもある。あまり良くないのは一時的に性交渉力が下がったからといって、自暴自棄になって性生活を中断してしまうことであろう。そうすると本当に性不全に陥ってしまう。したがって、バイアグラを飲んででも周期的に性生活したほうが良い場合もあるかもしれない。そうすることでそのうちに性交渉力が取り戻され、薬の力を借りなくても以前の勃起力を回復できるであろう。

これまで男性の性交渉力は一生の間に使える量が決まっているという説が主流であった。性行為を頻繁にするとそれだけ早く底を打つという説である。しかし近年では、使えば使うほど湧き出るという「泉水論」または用不用説が浮上している。よく言われる表現に「使いなさい、そうでないと失われる！（Use it, or lose it！）」がある。性行為がうまくできないこと、年をとったことで意気消沈したり性生活を避けたりする必要はないの

である。夫婦とも、お互いに最良のパートナーとなるように努力する態度を示すことが、元気な性生活、ひいては元気な老後につながるであろう。

世の中には、年をとれば性行為は不可能であると断定してしまう人が多い。また、たとえそれを十分にやりこなせるだけの能力があるにもかかわらず、周りの目を気にして自ら性行為を諦めてしまう傾向が強い。しかし、このような考え方は誤っているだけでなく、健康の維持にはもちろん、長寿にもまったく役に立たないであろう。

## (四)　稲光りから蛍の光までの「情」

韓国の民謡のなかには男女の情を『論語』から火に比喩した「情《チョン》打令《タリョン》」(9)がある。

志学《しがく》(学問を志す)　一〇代の情は稲光りの情であり、
而立《じりつ》(自らの足で立つ)　三〇代の情は薪火の情であり、
不惑《ふわく》(惑わず)　四〇代の情は火鉢の火の情であり、
知命《ちめい》(天命を知る)　五〇代の情は煙草の火の情であり、
耳順《じじゅん》(耳に従う)　六〇代の情は残り火の情であり、
従心《じゅうしん》(心に従う)　七〇代の情は蛍の光の情である。

情打令がいつから謡《うた》われたかはわからないが、この俗謡に表れている「情」というのは、表面的には男女の

愛を示す情を意味しながらも、男女の性交渉力も意味する「性」の意味が含まれている。

「情打令」のとおりなら、一〇代の「稲光りの情」というのは分別のない一瞬の火遊びのような衝動的な愛と性である。三〇代の「薪火の情」は人生の絶頂期の最も炎が燃え上がる愛と性である。四〇代の「火鉢の火の情」は仄《ほの》かであるが、風が吹くとたまには燃え上がる。五〇代の「煙草の火の情」は火は弱いが、煙草を吸い続けると炎が生き返る。六〇代の「残り火の情」は見た目には火が少ないが、仄かな熱気を持っており、鍋くらいは温められる。七〇代の「蛍の光の情」は温もりはないが、暗闇を照らしてくれる。この「情打令」こそ、高齢者の愛と性を適切に表現した歌ではないだろうか。

『三国有史』[10]に載っている「献花歌《ホンファガ》」[11]は、新羅第三三代王の聖徳王《ソンドク》（七〇二〜七三七年）の時代に、ある高齢者が歌ったという郷歌《ヒャンガ》[12]である。ある日、王族で絶世の美女である水路《スロ》夫人が旅の途中、海辺の絶壁に咲いている美しいつつじに見惚れ、家臣たちに「誰があの花を摘んでくれるのか」と尋ねた。しかし、名乗り出る家臣は誰一人いなかった。ちょうどそのとき、牛を連れて通りかかったある高齢者が、絶壁の上に登り、その花を摘んで来て水路夫人に捧げた。そのときに歌った郷歌が、かの有名な「献花歌」である。

「貴女様が牛の手綱を握っている私の手を放させ、私を恥かしめなかったらお花を摘んで来て捧げましょう」

水路夫人の美しさに見惚れて危険を冒してまで絶壁の上に登り、花を摘んで来て捧げる白髪の高齢者の心境が切々と詠《うた》われている「献花歌」は、昨今の若者のラブソングにも引けを取らない。

## (五)　諦めてはならない高齢者の情熱

歴史的に有名な人びとの中にも高齢期に愛と性に対する情熱を失わなかった人が少なくない。ドイツの大文豪であるゲーテ（Johann Wolfgang von Goethe, 一七四九～一八三二年）は、七二歳のときに当時一七歳の娘であったウルリーケ・フォン・レヴェツォーに一目惚れして熱烈な恋をした。彼は「老いながら順番に消えていくのが友人、仕事、財産、性欲、地位、未来、そして希望なのに、ウルリーケは私の性欲の喪失を保持してくれた」と語った。ゲーテは、一八二三年にアウグスト公を通じて彼女に求婚するも断られている。『狭き門』で有名なフランスのアンドレ・ジッド（André Paul Guillaume Gide, 一八六九～一九五一年）は、七五歳を超えたときに書いた日記に「私はいまだに性的な歓喜を失うことができない」と告白している。そして『戦争と平和』のような叙事的な文学作品で有名なトルストイ（Лев Николаевич Толстой, 一八二八～一九一〇年）は一六歳年下のソフィアと結婚した。ソフィアは悪妻であるとの噂が立つほど夫婦仲はよくなかったが、いざソフィアが五二歳のときに年下の男性ミュージシャンのタネイェプと恋に落ちると、トルストイは猛烈な嫉妬をする。そして「タネイェプがソフィアから奪っていったのは心であり、私が独占しているのは彼女の身体である」と自らを慰めている。

年をとっても性交渉力を持っている高齢者はたくさんおり、男性に限って言えば、高齢者になっても生殖能力がある場合もある。数年前、イタリアのシチリア島で九〇歳の新郎と七七歳の花嫁が再婚したという報道があった。両者合わせて五四人の子どもと孫がいるこの高齢者夫婦は、二人が初めて出会ったとき、夫は「宝くじに当たったような興奮」を、妻は「心臓が止まるような衝撃」を受けたという。

人間の愛と性に対する関心と興味は生まれたときから死ぬまで続く。もちろん老化現象の一つとして量的にも

質的にも性交渉力が減退するのは事実である。しかし、死ぬまで性交渉力が枯渇することはない。性生活ができないくらいの心身の障害が生じない限り、いつまでも可能なのが愛と性の本質である。むしろ「もう年だからそんなの無理だ」という諦めと敗北意識こそが身体的な老化より恐ろしく、生命をむしばむ毒素になるであろう。

更年期が過ぎると人生の大台である高齢期に到着する。大台まで来ることができずに途中で脱落した人びとのことを思えば、事故なくたどり着いたことだけでも幸せである。すべての重荷を脱ぎ捨てて身軽になって有終の美を飾るときがいずれやって来る。平均寿命の延長によって有終の美までの途上にとどまる期間が長くなったため、高齢期の「生活の質（ＱＯＬ）」が新たなキーワードとして浮かび上がっている。

高齢期の愛と性も自然に順応するのが大切であり、無理したり急いだりしてはならない。エンジンがかかるまで少し時間がかかり、よく止まったりするが、恥ずかしがる必要はない。お互いを慈しみ、細やかな気配りをしていると、情が積もって夫婦仲もよくなる。「愛と性のない人生は意味がない」という極言もある。愛と性に対する関心は高齢期のうつと孤独を少なくし、生きる喜びを感じさせてくれる触媒にもなるであろう。

## 五、高齢期の愛と性は健康のバロメーター

「性生活には男性が守らなければならない節度があり、女性が守らなければならない規律があります。これを守らずにむやみに関係を結ぶと、男性には悪性腫瘍などができ、女性は月経不順を起こすなど一〇〇種類もの病にかかり、やがて命を落とすことになります。しかし、その節度や規律を守りながら楽しめば、ますます

元気になって長生きできるようになり、顔色は美しい花のようになるでしょう」

これは、中国最高の房中術[13]の秘書として知られている『黄帝《こうてい》素女《そじょ》経《きょう》』の素女[14]とともに房中術の権威者として知られる玄女《げんにょ》[15]が黄帝（紀元前二五一〇～紀元前二四四八年）と交わした話の一部分である。『黄帝素女経』は紀元前二五五〇年頃に中国の黄河流域を統治していた黄帝が、歓楽と健康、長寿を同時に成就するために素女と交わした話を問答式で綴《つづ》った古書である。玄女もまた素女に倣《なら》って書いた『玄女経』の主人公として後世に房中術の大家として知られるようになった。中国では素女と玄女の書をまとめた『玄素の道』を房中術の代名詞として用いる場合が多い。

陰陽の度合いを分別することができると、性生活を楽しみながら長寿を成就できるという玄素の房中術では、自然のリズムに順応することを強調する。節度のない性生活は万病の原因となり、生命を脅かす要素となるので、節度のある性生活をすることが大切であると説いている。

このように、中国古来の房中術における愛と性は、快楽を得るとともに健康を得るための最上の手段であるとみなされてきた。同時に、その濫用を厳しく戒め、若死、長寿ともにその原因が性生活にあるとしている。このような主張は愛と性の大切さを考えると決して的外れではない。性は愛であり、健康であり、生命でもあるのである。性生活は上手に行うと良薬になるが、誤って行うと毒薬にもなる。『骨と肉が燃える夜』という韓国映画のタイトルのように、誤った性行為はまさに身を溶かして血を乾かし、生命を枯渇させる危険な遊戯でもあろう。

## (一)　規則正しい性生活は健康によい

規則正しい性生活が健康を維持してくれるという事実は、今や学界の一説となっている。アメリカ合衆国のアーカンソー大学医学部のデビッド・リプシッツ（David Lifshitz）教授は、「毎週二回以上の絶頂感を感じる男性は、一か月に一回の絶頂感を感じる男性に比べて死亡率が五〇パーセントも低い。そして女性の場合も満足な性生活をすれば回数にかかわらず寿命が延長される」と話している。

年齢より若く見える人は性行為を頻繁にする。最近、アメリカ合衆国のエール大学の研究チームが、実際の年齢より七～八歳くらい若く見える人びとを対象に行った調査によると、彼らは一般人より性行為を二倍ほど多くしていることが明らかになった。また毎週性行為を持つ女性はそうではない女性より月経周期がより安定しており、女性ホルモンであるエストロゲンの分泌も増加して骨粗鬆症と骨折を予防する効果があるという。男性には前立腺を丈夫にする効果もあるという。

高齢者たちの満面の笑み

健康でない人は性行為も困難である。もしパートナーが急に性行為を避けるようになったら、健康に赤信号がともったとも考えられる。とはいえ、性交渉力は身体の健康状態の一部にすぎない。性交渉力のためというより、全身の健康のためという考え方のもと、規則正しい食生活と日常的に運動をすることが望ましい。性交渉力は健康な身体と精神から生まれる。

事実、性行為は老若男女を問わず、健康によい健全な愛の運動でもある。もう性行為は陰に隠れてこそこそ話すことではない。韓国の泌尿器科の専門医は、性生活は「若さと健康の泉」だという。なぜ性生活をすれば元気になって若くなるのか。その専門家らの見解を要約すれば次のようになるであろう。

◆性行為と健康の関係◆

□性行為は血液循環をよくする。性的な興奮は毛細血管を広げ、血液循環を円滑にする。そのため、血色がよくなり、内臓などの臓器の機能が向上する。三〇分程度の性行為を持つと約三〇〇～四〇〇キロカロリーが消費される。これは、四キロメートルの距離を走った運動量に相当するが、中高年の場合は八キロメートルを走ったのとほぼ同じである。

□性行為は性ホルモンの分泌を促進させる。男性の場合、テストステロンが分泌され、骨と筋肉を丈夫にし、心肺機能も高まる。女性の場合は女性ホルモンの濃度が高まり、膣の周辺組織が柔らかくなる。

□規則正しい性行為は夫婦仲をよくする。決まったパートナーと行う定期的な性行為は、心身の疲労を癒やしストレスを発散させてくれるであろう。性行為による満足感は循環器系統にも刺激を与え、脳下垂体から分泌されるオキシトシンの濃度を高める。このホルモンはストレスを軽減させるとともに、夫婦の親密感を高めさせる効果があるといわれている。

□性行為は生活の質（ＱＯＬ）を高める。性行為を楽しむ間、骨粗鬆症に役立つ物質であるとされるＤＨＥＡ(Dehydroepiandrosterone）が分泌されるが、オーガズムや射精の直前にはその血中濃度が通常の五倍ほど高くなる。

これらのほかにも性行為中に放出された男性の精液が女性の子宮等内に吸収されて免疫力を高めるという研究結果もある。男性の場合、睾丸から一ミリリットルあたり六〇〇〇万～一億匹くらいの精子が出て、前立腺を通って精液が排出（一回あたり約二～五ミリリットル）されるが、その際に身体の中の代謝物質も一緒に排出されるため、前立腺の炎症も防いでくれる。

活発な性生活は健康を増進させて死亡率を下げるという見解もある。オーストラリアの性治療専門家であるロージ・キング（Rosie King）博士が一〇年間にわたって研究した結果によると、一週間に二回以上の性行為をする人の死亡率は、一か月に一回しかしない人の半分程度である。また離婚した人はそうでない人より体調を崩したり病院に通ったりする人が相対的に多い傾向にある。性行為をまったく行わなかったり消極的であったりする場合、女性は死亡率がそうでない人に比べて五〇～一五〇パーセント、男性は一〇〇～三〇〇パーセントも高くなるという。ここまでくると、若者、高齢者を問わず、性行為を避ける理由は少なくなるであろう。

## （二）　性と上手に付き合うと長生きする

いったい、人間の寿命の限界はどこまでであり、長寿と若返り、そして錬金術は、いつ頃から人類の夢であったのだろうか。その錬金術さえも長寿と若返りに関連付けられ、人類最大の願望は長寿と若返りに集約された。『玄素の道』に示されている規律を守りながら愛と性を楽しめばますます元気になって長生きするといわれているが、具体的に愛と性とどのように付き合うと一〇〇歳以上の長寿を成就できるのかと訊かれると答えに困ってしまう。強いていえば、男女ともに身体的・精神的な能力や環境などに従って性生活を楽しめばよ

いであろう。

長寿論の視点でみると、食べ物に気を付けて身体を鍛えながら長生きしたがる人がいれば、暴飲暴食して派手に遊びながら太くて短い人生を生きたいという人もいる。これと同じく、青・中年期に性生活を思いきり楽しんで老いが訪れる晩年期にはどうなってもよいと思う人びとがかなりいるようである。人間のスタミナは人によってその強さと持続期間が異なり、強くて長続きする人、あまり強くないが長続きする人、強くても長続きしない人、弱くて長続きしない人などと個人差が大きい。性交渉力もこれと同じく千差万別である。

最近、アメリカ合衆国のケーブルテレビのニュースチャンネルＭＳＮＢＣ（Microsoft Corporation National Broadcasting Company）は、ウェブページに性行為がカロリー消費に効果がある運動として長寿に役立つという記事を載せている。それによると、オーガズム直前に噴出される子宮収縮ホルモンやエンドルフィンには強力な陣痛促進効果があるだけでなく、傷の治癒、細胞の再生を通した新陳代謝などにも効果があるという。

強い性エネルギーが長寿に関連があることを示してくれた事例もある。スペイン出身の画家パブロ・ピカソ（Pablo Picasso, 一八八一〜一九七三年）は一九七三年四月八日に九一歳で生涯を終えた。ピカソの晩年の制作活動をサポートして彼の臨終を見守ったのは妻のジャクリーヌ・ロックだが、彼女は一九六一年に三五歳の若さで七九歳のピカソと結婚した。ピカソのような人をみると、性生活の強さと持続性には個人差があることがわかる。それは、生命力全体の強靭さや持続性における個人差よりもっと著しいものであるのかもしれない。

男性の場合、元気でやりがいのある人生、特に仕事上の能力が高齢期まで続く人は性欲も長続きする。実業家・政治家・芸術家・芸能人などにはそのような事例がよくある。性格的には個性の強い人が性的な能力が高

く、単調で平穏無事主義的な性格の持ち主は高齢期の性欲の衰退が早いということが言われている。

どのような人が早く死んで早く老いるかについて調べたアメリカ合衆国のある生命保険会社の調査結果によると、配偶者がいて性生活をする人に比べて一人暮らしの死亡率は数倍ほど高く、なおかつ六〇歳以上の高齢夫婦ではその一方の配偶者が死ぬと他方もたいてい二年を越すことができずに世を去る傾向がみられるという。もう一つ驚くべき事実は、熱愛中の「シルバーロマンス」の高齢者が、そうでない高齢者よりはるかに若くて活気に満ちていたというのである。このように、性行為は健康を増進させて寿命の延長、そして老化防止とも密接な関係があることが報告されている。

## (三) 高齢期の愛と性は生活の活力源

高齢期の愛と性は高齢者が生きていくうえで重要な活力源となる。老若男女を問わず、性ホルモンは身体の発育とコンディションの調整に役立ち、同時に情熱の発現として精神的な活動のエネルギーの源泉となっているのである。それだけでなく、性行為は神経エネルギーの発散によるものなので、性欲の充足は精神的な不安定やスランプの克服にも役立つであろう。

例えば、女子大学の男性教員は若く見える場合がある。それは、自分はあまり意識しなくても普段の生活のなかに強力な性的刺激があるからであろう。実際に、外部社会と孤立した訓練兵と女性に交じって生活する男子学生の男性ホルモンを測定してみると、後者のほうが高い。男性ホルモンは性行為をすれば増加する。したがって、性生活をしなければ男性ホルモンが減少し、その結果性行為に対する興味も落ちて性行為を避けるという悪循環が繰り返されるであろう。

食生活と性生活は生命体にとっては必要不可欠なものである。不老長寿が太古から伝わった人類の願望であるように、若返りも私たちの切なる願いである。私たちのすべての活動能力は愛と性の源泉から始まるともいえる。愛と性にかかわる神秘的かつ気持ちのよい刺激は、無味乾燥な日常生活に活力を吹き込んでくれ、熾《し》烈《れつ》な生存競争の社会から受けた疲れを癒やしてくれる。

愛と性は人生に花を咲かせ、ばら色の人生に導いてくれる。若者だけでなく高齢者にとっても異性の存在は大切である。高齢期に入って一日一日の生活を退屈に過ごしている彼らに、愛と性に対する関心を持たせることができると、それは何にも増した老化防止であり生の喜びにつながるだろう。

## (四)「通じた?」高齢期の愛と性は心の通路

ある高齢者は異性に対して性的欲求を感じるようになると、性的な想像と期待をするという。また機会さえあれば新しい異性の友だちと付き合いたがる。高齢者の異性との付き合いは若者のそれとは微妙に異なる。表現の方法がいささか異なるのである。ときには高齢という身体的・生理的ハンディキャップにより、性的欲求を現実的に満たすことができないため、欲求自体を強く否認する場合もある。とはいっても、心の中の欲求までなくしたわけではない。

人間の愛と性、これは人間の生命を維持させて生存していくための一つの手段である。しかし、性は単に性的な本能を満たす性行為のみを意味しない。性は心身による自己表出の一方法である。すなわち、性は単純な生殖行為ではなく、人間が生命らしさを表すための重要な要素の一つである。人間は自分の身体機能を使って他人との性行為を行い、他人と一体になりたいという欲求を満たす。それによって自分が生きていることを確

認し、生命の喜びと楽しさを感じるのである。性は心身の感覚的な欲求であるだけでなく、心と身体の話し合いであり、深い親しみを感じさせてくれる強力な意思疎通のツールである。すなわち、愛と性という相互の交流過程を通じて人は意思疎通をし、行動や思想の交流もするのである。したがって、性行為の中心にはお互いに疎通できる愛がなければならない。

豊かな人生と幸せな家庭を維持しようとすれば、身体的な愛情と精神的な愛情が表裏一体にならなければならない。にもかかわらず、長い間性行為が長寿に有害であると誤解されてきた。幸い近年は、過去の性に対する無知から脱皮し、「性の福音」をまともに聴ける世の中、性について語って享受できる世の中になりつつある。そこで、「勿泄有益《もっせつゆうえき》」、すなわち「射精しないことが健康によい」という過去の養生訓が、近年は「多《た》接《せつ》長《ちょう》生《せい》」、すなわち「たくさんするほど長生きする」という「二一世紀型永生訓」に変わりつつある。

高齢期に入っても愛と性に対する欲求は簡単には収まらない。高齢者は単なる性行為だけではなく、性に象徴されるお互いの愛情と親密さの交流をより強く望む。高齢期は死に近い時期であるということから、このような願望がより強くなるのかもしれない。高齢期の愛と性は寂しさと疎外、無気力を解消するための一つの手段である。愛と性を分かち合うということは、身体と心が元気であるという証拠でもある。快楽に対する貪欲さだけではなく、元気な異性に対する関心と愛情である。暮れなずむ夕陽のように仄かに燃える愛、それが高齢者の自然な愛と性である。だからこそ、高齢者の愛と性はより美しい。

## 六、中高年の愛と性の悩み

ソウル近郊のある警察署に七〇歳前後とみられる男女が連行されて来た。その事情が可哀想だった。互いに配偶者がいなくて子どもたちに頼って生きてきた二人は、町内の敬老堂で偶然に出会って自然に親しくなった。ある日高齢男性は、息子にもらった一〇万ウォン（約一万円）の小切手を取り出して高齢女性に見せびらかした。それをうらやましがる高齢女性の様子に気づいた高齢男性は、高齢女性の顔色を窺《うかが》いながらお金をあげると言った。もちろん、その提案は性行為という見返りを前提としていた。高齢女性は高齢男性の提案を受け入れ、二人は隠密な場所を訪ねた。

しかし、高齢男性の「涙ぐましい努力」は実を結ばず、性行為は「成功」しなかった。高齢女性は小切手を要求したが、高齢男性は応じなかった。二人の間ではついに喧嘩が始まり、激しい言い争いに発展した。通報を受けて駆けつけた警察によって二人は連行されたのである。この「事件ともいえない事件」は、警察の仲裁によって、高齢男性が約束した金額の半分を高齢女性に支払うということで一件落着した。

この事件が示唆するものは単純ではない。高齢者の性の問題が本人たちにとってはどれだけ切実であったかを示してくれる事件だといえる。しかし、韓国社会は、独居になった高齢者が愛と性を分かち合えるパートナーを見つけにくいという状況に対して無関心である。

「高齢者には性欲がない」という説は二〇世紀の最大の迷信の一つであった。そのため、高齢者は堂々と性的欲求を語ることもできず、一人で心を焦がしながら苦しんでいる状況に置かれていた。性は「生きていく意

欲」となるので、死ぬまで性欲が完全になくなることはない。性を不潔なものとしたり、性を性生活や生殖行為のみに限定したり、特に女性に対してだけに厳しい性道徳や性倫理を強要したりするのは偏見からである。また高齢者を、孫や園芸と民謡のみを愛《め》でる人間であると決めつけることも、高齢者の性的欲求について「気がどうかしている」と決めつけることも、高齢者の性行為は健康を害すると誤解することも、老人ホームで行われる異性との交流がホーム内の風紀を乱すという考え方なども偏見からである。

このような社会的な偏見だけでなく、世論の圧力もある。高齢者は自らに示された伝統的な高齢者像に縛られ、醜聞を恐れる。また、他人の目の奴隷になっており、社会が強要するしとやかさを甘受している。そして自分が感じる欲望そのものを恥ずかしがり、性的衝動を自らを抑制する。

このように、高齢者の愛と性が陰に埋もれてしまうため、正常な男女関係によって性欲を解消する手段がない。人間が持つ「三大本能」は食欲、性欲、名誉欲である。このうち、性欲は他の二つと異なる点がある。食欲と名誉欲はその対象が限定されていないが、性欲は「対象」が限定されているということである。しかし、年をとればこの「対象」を見つけることが容易ではない。そこで、非常識な方法で性欲を解消したりする。

高齢男性は俗にいう「バッカスおばさん」「餅売りおばさん」「ラクダ部隊」など、高齢男性を相手にする中高年の売春女性たちにお金を払って性行為を行う。これはもちろん、違法行為として取締りの対象となる。一部の旅行業社が企画する「シルバー観光」も異性と出会う窓口になったりする。数年前からはコーラテック(アルコールなしのディスコ)、高齢者専用のダンスホールなど、高齢者が愛と性欲を解消できる場所が増えている。七五歳のある高齢者は月に一回くらい買春をしているそうだが、再婚に対する家族の反対が強く、楽し

みたいときに楽しめばよいという考え方を持っているからだという。

## （二）密かに増える高齢者の性病

「バッカスおばさん」というのは、バッカスというドリンクを売りながら高齢男性に密かに買春を持ちかける五〇～六〇代の中高年の女性たちを蔑称する俗語である。彼女らは十数年前にソウル市の中心部にあるタプコル公園（旧パゴダ公園）に初めて現れた。数年前から高齢者の憩いの場がタプコル公園から隣の宗廟《チョンミ》公園に移っている。タプコル公園では飲酒はもちろん囲碁や将棋などが禁じられているため、比較的に自由が利く宗廟公園に移動したのである。彼らに合わせる形で売春婦たちもそちらに移動している。

問題は、この公園に来る高齢者の中に性病感染者が少なくないということである。密かな誘惑の費用は一～二万ウォン（約一〇〇〇～二〇〇〇円）程度にすぎない。一度買春をすれば、次からは視線を交わすだけで取引が成立するという。このように気軽で、費用負担も少なく買春が成り立つため、公園とその付近で一日を過ごすかなりの数の高齢者が買春と性病の危険に晒《さら》されている。

ソウル市の鍾路《チョンノ》区役所が二〇〇六年に宗廟公園で過ごす高齢者など二〇五人を対象に行った性病感染の実態調査によると、その内の八・八パーセントが梅毒に感染していることが明らかになった。韓国の健康保険審査評価院（Health Insurance Review Agency：HIRA）によると、医療機関で性病の診療を受けた六〇歳以上の人は二〇〇二年の六五五七人から二〇〇九年には一万九八五八人に増えたという。また不治の病であるエイズ（ＡＩＤＳ）の起因となるヒト免疫不全ウイルス（Human Immunodeficiency Virus：HIV）に感染する高齢者も速いスピードで増えている。二〇〇二年には高齢者のＨＩＶ感染者は八人にすぎなかったが、

二〇〇六年には三九人に増えている。HIV感染者総数に占める高齢者の割合も二〇〇二年の二・〇一パーセントから二〇〇六年には五・一九パーセントと、二倍以上も増えた。

高齢者の性病患者の急増は、過去に比べて余力と余暇時間が増えるにつれ、性行為を楽しむ人がそれだけ増えたからである。何よりも、ソウル市や大邱《テグ》市などの大都市で、高齢者が集まる公園やその付近で暗躍する売春女性の存在が性病拡散の主な原因となっている。数年前からは、宗廟公園一帯の屋台で売られている粗悪な中国の偽製バイアグラによる被害も急増している。

## (二) 中高年のための性教育が必要

ところで、より大きな問題は、性病にかかっても治療を受けないため統計には表れない高齢男性の存在である。宗廟公園の付近にある薬局には、以前は薬局ごとに一日平均五〜六人の高齢男性が抗生剤を買いに来ていたが、医薬分業が実施されてからは処方箋なしでは薬を買えなくなったため、抗生剤を買いに来る人が少なくなったという。たった一〇〇ウォン(約一〇円)でさえ惜しい高齢者にとって、病院に行って診断を受けて薬を買うという負担は少なくない。何よりも、性病にかかって病院に来たという事実が医師や看護師たちの面前では情けないから病院に行かない。「いい年をした者が性病にかかるなんて」と皆の笑い者になるのを恐れて、自ら病院に行くのを諦めてしまうのである。

儒教的思想によって隠蔽《いんぺい》され、禁欲を強要され、社会的な無関心によって取り残されてきた高齢者自身だからこそ、ことさら性に対しては後ろめたさを感じ、恥ずかしがる傾向が強い。年をとって性病にかかったという事実が恥ずかしくて隠しているうちに病状がますます悪化し、結局はそれによって生命の質まで下がって

しまう。

近年の高齢者はまともな性教育を受けることができなかった世代である。性や性病に関する無知が性病の危険性をより大きくしているのと同時に、バイアグラのような勃起不全治療薬などの開発によって性行為の機会が増えているが、性病を予防する対策はなおざりにされたままである。何より、性病とＨＩＶ感染予防にはコンドームが最善なのに、かなりの数の高齢者が「いい年をしてまでコンドームなんて着けたくない」という考え方を持っているため、無防備に売春女性と接触している。公園の周辺の「バッカスおばさん」や登山口付近の「リスおばさん」または「ラクダ部隊」を取り締まることだけが得策ではない。取締りよりは性病に対する適切な性教育と治療が急がれる。

このように高齢者の性の問題は適切なパートナー不在による売春の横行、性病の流行など多くの副作用も抱えている。したがって、高齢者が非常識な方法で性欲を解消せず、正当な方法で愛と性を享受できる環境をつくらなければならない。なぜから、高齢者が生気を維持し、それを認識する最も効果的な手段はまさに愛と性であるからである。

## 七、薬品や健康食品に頼らない愛と性

高齢者は若者ほど性行為で強い満足感を得ることはできない。高齢男性は、射精における最初の精液を集める段階から二回目の放出の段階に移るときに現れる痺《しび》れるような感覚を味わうことが困難になる。また男性の性行為に快感を付与する、爆発するような湧き上がるような勝利に満ちた熱狂的な感じも少なくなる。女性の性感も若いときに比べてかなり鈍くなる。

そのため、高齢期になると性感を高めるのに役立つ補助が必要となる。正常な性行為ができる人も面子を保つために間接的な満足を求める。ましてや、性的に弱い人はいうまでもない。一部の高齢男性は性行為を諦めてエロ本を読んだり、卑猥な芸術作品に接したり、低俗な猥談《わいだん》に快楽を求めたり、女性と密かに会うことで満足を得たりする。

### (一) 高齢期の深刻な悩みは勃起不全

高齢期の性の悩みのうち、最も深刻なのは男性の勃起不全である。性機能障害の代表格である勃起不全はある程度は克服できる。勃起不全というのは、性行為のために必要な勃起ができない状態であり、性行為を試みた際に何度もそれを失敗する場合をいう。勃起不全は心身にもさまざまな悪影響をもたらし、生活の質（QOL）を下げる。

四〇～七〇歳の間に、ある日急に勃起しなくなり、失意と苦悩に包まれながら人生が虚《むな》しく感じられ、すべ

ての意欲が少なくなる現象を引き起こす場合があるが、これはまさに男性の更年期障害が主因である。勃起不全は男性だけの悩みではない。勃起不全を経験する男性の配偶者も公認の性生活のパートナーを喪失するという危機に直面する。こういうときこそ、配偶者の気遣いが必要である。適切な心身療法を受けて勃起すれば性交渉力を取り戻せるが、自分は性不全であると自ら諦めてしまえばかえって取り返しのつかないことになってしまう。

勃起不全は老化による自然な機能障害の一つであるだけである。視力が落ちると眼鏡をかけるように、勃起不全の治療も当たり前に受け入れる心の余裕が必要である。「今さら何の治療?」と言いながら拒否する高齢者もいるが、積極的にその治療を受けて残った人生を若く生きていく姿は、周りの人にも美しく見えるだろう。

近年、四〇代の息子が七〇代の父親を連れて病院を訪ね、父親の勃起不全について相談するケースが増えているという。高齢者の性機能障害の治療法はたくさんある。これからは、勃起不全や閉経だけが高齢者の性生活を邪魔する障害物とはならないであろう。薬物療法をはじめとするさまざまな勃起不全の治療により、九〇歳の高齢者が性行為できるようになった事例も報告されている。適切な女性ホルモン治療は性欲減退や性交痛(dyspareunia)などを抱えている閉経女性の悩みを解決してくれるであろう。

もしこのような治療を受けたにもかかわらず効果が少なかったり深刻な血流障害がみられたりした場合には、陰圧式勃起補助具を使ったり、陰茎内に補助具を挿入する手術を受けたりする。高齢であればあるほど、心臓病や動脈硬化、脳梗塞、糖尿病のような疾患を考慮して補助具を挿入する手術を行う場合が多いと、韓国の泌尿器科の医師は言う。時に、男性の性交渉力はオーケストラの演奏に喩《たと》えられる。それぞれの楽器が自ら

の役割を果たさなければ不協和音が生じるように、性交渉力も脳、血管、神経、性ホルモン、筋肉など人体の各器官がまともに作動してこそ十分な性能を発揮する。「性的興奮→勃起→維持→射精」につながるそれぞれの段階をきちんとやりこなしたいならば、精力減退の要因を把握してそれに適切に対処する必要がある。

人生を終えるその瞬間まで、男性としてあるいは女性として愛と性の楽しさを感じながら幸せを追い求めるという意識を持った高齢者が次第に増えている。そのために必要なものなら、積極的に外部からの手助けを受けることも一案である。

## (二) 性交渉力が落ちる?「精力剤頼り」は禁物

男性の性交渉力が落ちる原因は数え切れないほど多いが、何よりも長年の禁欲、ストレス、飲みすぎ、腹部肥満、喫煙、慢性疾患、性ホルモン欠乏、薬物濫用、老化などが主な原因となっている。年をとればとるほど必然的に身体的・精神的機能が衰えて退化する。だからこそ、高齢者は性交渉力との戦いに挑む。年をとっても旺盛な性交渉力を維持する人がいるが、これはごく稀なケースである。老化は性交渉力減退の明らかな要因である。年をとれば性交渉力に重要な作用をする男性ホルモンの分泌がますます減るとともに、老化防止ホルモンである下垂体で生成される成長ホルモンや人体内の副腎で生成される性ホルモンなどの分泌が次第に減少して性交渉力が落ちる。これはまさに年齢のせいである。

しかし、老化自体が性生活を不可能にさせるのではない。高齢者の性欲は若いときほどではないが、男性はより強い刺激を求めるようになったり、陰茎の勃起能力と膨脹係数が減少して性行為時間が短くなるなどの現象も現れる。女性も閉経に近づくにつれて女性ホルモンの分泌が減少し、膣の萎縮など生殖器の変化が生じ、

性交のときに痛みを感じるようになる。

　とはいえ、高齢期の性機能障害は老化によるためだけではなく、糖尿病や高血圧のような成人病による場合もある。八〇～九〇歳になっても健康でさえあればいくらでも性行為を楽しむことができる人もいる。性交渉力に問題が起きると、焦って精力剤に目を向けたりする。しかし、「精力に効くという食品」を食べれば性交渉力が増すというのは誤った認識である。大概は科学的には立証されていない「精力剤」と呼ばれる健康食品を探し求める人は減るところを知らない。精力剤に目が眩《くら》んでいる人びとは、その購入費に巨額を投じることを惜しまない。たかが何千ウォンの病院の治療代や公共料金の支払いにはけち臭いが、精力剤には気前がよい。精力剤だけではない。ヘビやカエルに始まり、カラスに至るまで、精力増進によいというものは何でも食べ尽くしている。

　元はといえば、性的興奮を起こしたり快楽を増進させたりする薬剤に対する強い関心は、韓国だけでなく世界中の至るところで見られる。精力剤として知られている媚薬《びやく》は文化圏によって若干の差はあるものの、たいてい自然の形態を模倣している。すなわち、韓国では交尾時間が人より長かったりパートナーが多ったりする動物の性器や性器に似ている食品などが精力剤として選好される。例えば、タコは見た目がグロテスクだという理由から精力剤の一つとして位置づけられている。オットセイ、ヤギの睾丸、麹《こうじ》などは多産の象徴として珍重される。ヘビ、ウナギ、高麗人参、シカの角、バナナなどは男根とも形が似ているということから精力剤として認知されるようになった。南太平洋地域ではうつ病や不眠症、神経症などに効果があるも肝毒性を伴うカヴァ（kava）という植物は精力剤として知られている。

　このように、一部の食品は科学的に証明されていなくても、ある程度はその可能性、また副作用を秘めてい

る場合がある。しかし、たとえ効果があるとしても精力剤であるという結論を下すのは難しい。それには心理的な影響も精力剤に対する信奉に一役買っているからである。例えば、偽物を与えながら精力剤だというと、実際に性的な興奮や勃起度が向上する効果が現れる場合がある。このことは、性に対する心理的な要因も大きく関係しているということを証明してくれる。しかし性的な満足は男女の心が調和しながら高揚していくものでありたい。精力剤という名の下に犠牲にされる動物や食い尽くされる植物などの力を借りるだけでは、性機能障害の解決の糸口をますます遠ざけるだけである。

## (三) バイアグラがもたらした第二の性の革命

勃起不全といえば思い浮かぶ薬がバイアグラである。バイアグラ（viagra）は精力（vigor）をナイアガラ（niagara）の瀧のように溢れさせてくれるという薬の商品名である。一九九八年にアメリカ合衆国のファイザー製薬が発売したバイアグラは、もともとは狭心症の治療薬だった。勃起不全に効果があるという事実が偶然に発見され、二〇世紀に性の革命をもたらした薬として知られている。第一の性の革命をもたらしたのが一九五〇年代に出た避妊薬とすれば、第二の性の革命の主役はバイアグラであるといわれている。

バイアグラにはさまざまな付随的な効果もある。時差ボケ、心不全、早漏、糖尿病、記憶喪失、脳卒中などにも効果がある。「現代版万能の新薬」と呼ばれるアスピリンに匹敵する評価が得られるだけの効能である。その一方

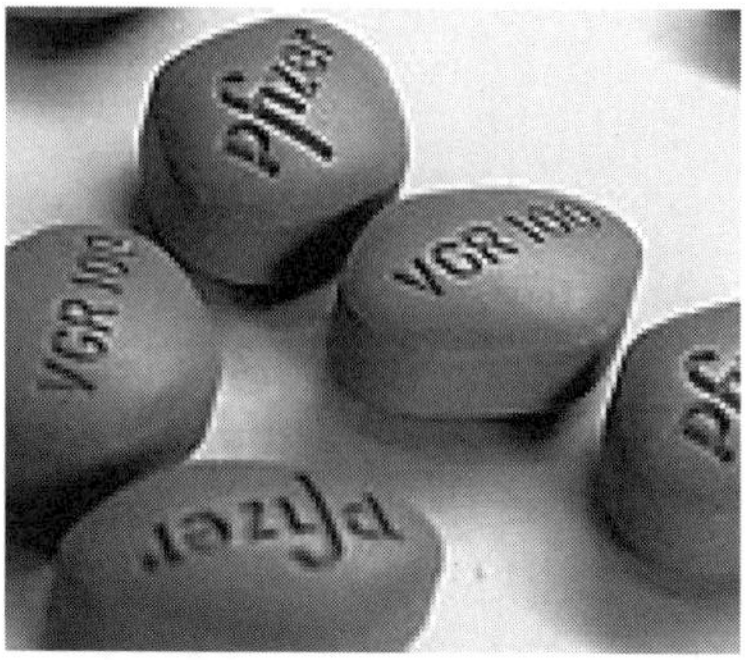


人気を博しているバイアグラ

で、くしゃみや頭痛、消化不良、光恐怖症、勃起持続による精子の損傷、低血圧、心筋梗塞などの副作用があるのも無視できない。失明したり死亡したりするという致命的な事例も報告されている。

それでも服用を憚《はばか》る人は少ない。バイアグラが発売された当時、副作用に対するインタビューに応じたある高齢者は「たとえ副作用で死のうともバイアグラを飲む」と言っていた。他の高齢者も同じ返事であった。念願叶って「勃起」さえできれば、文字どおり「死んでもいい」のである。

二〇〇八年春、チリのある都市で医師でもある市長が六〇歳以上の人に月に四回バイアグラを無料で配って話題になった。バイアグラは飴玉を配るのとは異なるにもかかわらず、申し込んだ人が一五〇〇人を超えたというから、性の福祉政策は成功したに違いない。近い将来、わが国でもこのようなことが起こらないとは限らない。

## (四)　健康な身体が真の精力剤

「奇跡の錠剤」というニックネームを持つバイアグラは、全世界の男性たちの「自尊心」を助けてくれ、性生活に活力をもたらした。立ち上がらない陰茎を見て恥辱感を感じていた男性たちはバイアグラを分け合いながら互いを励ましている。高齢者たちは「青い錠剤」のバイアグラを取り交わしながら性の問題を語り合っている。特に男性は勃起不全の問題に、なおいっそう率直になったのである。

高齢者の性生活にバイアグラが及ぼした影響はとても大きい。ソウル市の宗廟公園で多くの時間を過ごす高齢男性にとって、バイアグラは「立場の象徴」である。たとえ中国産の安い偽製品であっても、「青い錠剤」一錠の持つ意味は小さくない。懐の中にバイアグラがあるのかないのかによって立場が変わる「バイアグラ・

ディバイド（viagra divide）」が起きたりする。

「新しい出会い」を求める高齢者が急増する現象もバイアグラと関係があるかもしれない。「大田老人の電話」では一九九七年から「一人暮らし高齢者の集い」を開催している。またソウル市にある城北《ソンブク》老人総合福祉館でも二〇〇五年から年に二回の「シルバー合コン」を開くとともに、タブー視してきた高齢者の性の問題についての公開講座も行っている。

性交渉力を備えた高齢者が増えるにつれ、「シルバー再婚」もかなり増えた。韓国統計庁の資料によると、韓国の六〇歳以上の再婚者数は一九九三年の六二二人から二〇〇七年には三五一一人に増えた。この一五年間に五倍以上も増加したのである。もちろんバイアグラのおかげであるだけでなく、人口の高齢化の影響も大きかったと思われる。

バイアグラ等に代表される勃起不全の治療薬は、成人男性なら一度は購入してみたくなるほど、私たちの生活の中に深く浸透している。特に近年、さまざまなアンケート調査の結果、多くの高齢者が性生活を楽しんでいることが明らかになっている。と同時に、勃起不全など身体的老化について深く悩んでいることが明るみに出たことなどから、勃起不全の治療薬に対する関心がさらに高まっている。しかし、バイアグラのような薬品や健康食品によって一時的な効果を得られるとしても、このような一時的な処方は男性の性交渉力を長期的に保持することはできない。加えて、安全性が確保されていない輸入の健康増進剤をむやみに使いすぎると、かえって健康を害する恐れもある。

男性の性交渉力というのは、当然ながら正常な状態の臓器と、健康な心身から生まれる。前立腺をはじめとする性関連の器官の健康を回復させたり、体力を回復させたりしようとする努力もせず、単なる末梢の「勃起

力」だけに重点を置く処置では、愛と性の根本的な解決策にはならない。

注

（1）日本でいう姨捨山である。
（2）話すことも文字を読むこともできない田舎住まいの七七歳の祖母と七歳の都会育ちの孫との心温まる触れ合いを描いた映画である。韓国の典型的な孫思いの祖母が、孫のありとあらゆるいたずらに付き合わされている様子が大自然をバックに愉快に描かれている。
（3）太陽、月（または雲）、山、水、石（または岩）、不老草、松、鶴、亀、鹿の、幸福や長生きを象徴する十種類の長生物である。
（4）一六二八年に、血液は心臓から出て動脈経由で身体各部を経て、静脈経由で再び心臓へ戻るという血液循環説（theory of the circulation of the blood）を提唱した名医である。
（5）「性に生きる者」を意味する。
（6）前頭葉、頭頂葉、側頭葉、後頭葉という四つの「葉」から構成されているが、いわゆる下等生物では小さく、高等生物ほど大きい傾向がある。
（7）Esping-Anderson, G.,（1999）, The three worlds of welfare capitalism, princeton, NJ: Princeton University Press. から再引用する。
（8）アメリカ合衆国のファイザー製薬会社が一九九八年に発売した性的不能治療薬の商品名である。もともとは心臓病の薬として開発されたが、男性の勃起障害（ED：Erectile Dysfunction）に効果があるということで、現在は経口インポテンツ治療薬として広く使用されている。
（9）朝鮮時代（一三九二～一九一〇年）に成立した民族芸能であるパンソリ（パン〔場、広場〕とソリ〔音、声〕の合成語であり、朝鮮時代から伝わる韓国の伝統的口唱芸能である）のジャンルの一つである。口伝えであるためか、二〇代について

は伝わっていない。

（10）韓国の歴史における三国（高句麗、百済、新羅）時代（およそ四〜七世紀）の庶民史である。

（11）「献花歌」の全体の歌詞は、「紫布岩平邊希、執音乎手母牛放教遣、吾肹不喩慚肹伊賜等、花肹折叱可獻乎理音如」である。

（12）主に統一新羅時代（六七六〜九一八年）に隆盛した韓国の固有の詩歌であり、日本の和歌に相当する。

（13）中国古来の養生術の一つとして房中（寝室）で行われる男女の性生活における技法である。

（14）音楽に巧みで、房中術に優れていた伝説の天女である。

（15）中国神話における美しい天女であるが、九天玄女とも呼ばれる。

第三章

# 老後は第二の新婚時代

## 一、高齢夫婦の新たな出発

「妻は、私とは最初から寝床を一緒にしようとしません。今までは嫌な顔をしながらも妻は家にいてくれたのですが、最近は息子たちの家を転々としています。妻が長男の家にいると聞いて訪ねて行くと、次男の家に逃げてしまいます。私はもう我慢できません」

「韓国老人の電話」（ソウル市西大門《ソデムン》区）に寄せられた七〇代の男性の訴えである。二人の夫婦関係がこのような事態に至るまでには、他に別の事情もあっただろうが、あなたはこのような老後の生活を望むだろうか。誰しもこのような生活はしたくないはずである。幸せな老後を迎えるために必要でかつ重要な要素の一つは、幸せな夫婦関係である。

人生の後半期である高齢期は、夫婦関係に必然的な変化が生じたり危機に瀕したりする時期である。高齢期

はある程度は経済的に安定する時期であっても、子どもが進学、就職、結婚などで家を出て行き、夫婦二人だけが残される「空の巣（empty nest）」状態になる時期でもある。また退職、離婚や死別などを経験したりする。このような変化が生じるたびに夫婦関係を改めて構築することになる。

例えば、平均寿命の延長によって定年退職した後に夫婦が一緒に過ごす時間が長くなったが、それから生じる問題に対処する必要がある。死別や離婚の場合には、それまでの配偶者との夫婦関係を清算しなければならない。夫婦仲睦まじく「第二の新婚時代」を過ごす高齢者も多い。しかし先述の事例のように、韓国社会では残念ながら妻が夫から逃げ回る場合も少なくない。

## （一） 家に閉じ込もる夫、外を出歩く妻

韓国社会では高齢期を迎えるまでは、夫は外で働き、妻は家事に専念するパターンが一般的だが、高齢期に入るとそれとは正反対の生活様式が現れたりする。高齢女性は年をとればとるほど家事の負担から解放されて友人とのお茶会や同窓会、親睦会などで外に出かける頻度が増える。また共働きの娘や息子の家で孫の面倒をみたり家事をしたりする場合も多く、家族内でも自分が必要とされるため、ますます忙しくなる。

一方、高齢男性は社会活動が極端に減って何事にも消極的になり、何事も妻に頼ろうとする傾向が強まる。妻たちはこのような夫を「濡れ落ち葉」と呼ぶ。履物や身体に一度くっつくとなかなか落ちない濡れた落ち葉のように、退職後に一日中家の中でゴロゴロしながら家事は一つも手伝ってくれない夫を皮肉る俗語である。

ある統計によると、日本でも高齢女性の六〇パーセントが「濡れ落ち葉」のような夫のせいでストレスを受けており、「定年退職夫症候群」を経験するという。実は韓国でも近年、同様の経験をする高齢女性の不満の

声が多い。それまでの人生をかけて夫と子どもの面倒をみてきた彼女たちは、子どもの成長後と夫の定年退職後は自分の人生を楽しみたいと願っている。しかし、定年退職した夫は家の中で何も手伝わないで何事にも干渉し、小言ばかり言う。夫による妻いびりである。

一般的に、過去の社会的な地位や名誉にとらわれすぎている高齢男性であればあるほど、新しいコミュニティで他人との交流ができずに妻から心理的な補償を受けようとする。現役時代に比べて家族や友人から認められなくなった高齢男性は、嫉妬から妻が子どもの家や友だちの家に遊びに行くのを嫌がる。そして逆に「一日三食の上げ膳・据え膳」を要求する。

一方、近年の高齢女性は「私はこの年になってまで夫の尻拭いをしなければならないのか」と、そんな身勝手な要求を受け入れるつもりはない。そのため、夫婦間に葛藤が生じる。特に新婚当初から妻が夫の家父長的な権威に対して不満を持っている場合、高齢期になってから余計に夫婦の仲が悪化する。妻はときには「熟年離婚」をも辞さない。

逆に、若いときから夫婦仲がよく、何の問題もなしに暮らしてきたのなら、老後の夫婦関係はより仲よくなる場合もある。長い道のりを一緒に歩みながらお互いの違いを認めて理解する程度が大きくなっているためである。配偶者が老いてか弱くなることを配慮しながら、お互いのことを慈しみ、愛する気持ちがより大きくなることもある。また退職とともに夫が家で過ごす時間が長くなったことで、自然と妻と一緒に家事をする時間が増え、夫婦間の情が深くなる場合もある。

「私は、還暦を迎える前までは自分の主張ばかり通してきました。家のなかで妻と相談したのはお金と子どものことだけでした。それ以外のことは私が一方的に決めてしまいました。今思うと、私がいかに妻を無視し

てきたのかよくわかります。そして妻がどれだけ大切な存在なのかがわかるようになりました。これから私は、無条件に妻だけのために生きようと心に決めました」

「結婚するとき、一生をともに暮らし、同じ日に一緒に死のうと妻に約束しました。しかし、人生って思いどおりにはいきませんね。私が先に死ななければならないのに妻が先にあの世に行ってしまいました」

これらは、「高齢者の老後の生活に関する実態調査」で語ってくれた高齢男性の率直な本音である。若いときは妻の大切さがわからず無視もしていたが、年をとると妻より大切な存在はいないという。妻を先に亡くし、一人きりの寂しい人生が虚《むな》しくて恐ろしいと打ち明けている。

白いキャンバスに新しい水彩画を描くように、人生の新たな段階を迎えた高齢夫婦には新しい情愛が必要である。高齢男性は旧来の権威意識や独り善がりをかなぐり捨て、高齢女性は子どもの世話や夫の世話に人生を捧げてきたという悔しい感情を抑え、お互いを慈しむことが大切である。今からでも遅くない。恥ずかしがらずに新しく始めるという気持ちを持ち、仲睦まじい高齢夫婦になれるよう、お互いに努力しなければならない。

## (二) 夫婦が一緒に寝なければならない理由

高齢者が住んでいる韓国の家なら、いわゆる「孫の手」が一つくらいはある。自分の手が届かない背中などを掻く際に使う孫の手は、年をとれば肌が乾燥して痒みが増すため高齢者にとって欠かせないアイテムである。しかし、いくら立派な孫の手でも温かい人の手には敵《かな》わない。寝床を一緒にする夫と妻が、お互いの背中を掻いてあげながら情を取り交わすことと孫の手とでは次元が異なる。

昔の韓国では、夫は玄関近くの離れで寝て妻は母屋の奥座敷で寝るのが当然視されていたが、それは今で

は高齢者の孤独感を強めるだけである。軽快な音楽、小鳥のさえずり、子どもたちの笑い声など、自然界と日常生活の中から聞こえている音は寂しさを紛らわせてくれる。侘《わび》しくて物静かな環境は日常生活を逆に単調にし、ときには孤独感さえもたらす。

高齢期に入った一部の夫婦は、性生活が健康を害するという偏見を持っていたり静かな環境を好んだりといった理由からそれぞれ別の部屋で寝る。しかし、養生学的な観点でみると、これは身体的健康の維持とはあまり関係がない。高齢期の夫婦は夜寝るときもお互いの健康を観察する必要がある。年をとれば脳血管疾患、心筋梗塞など致命的な疾患が発生する可能性が大きくなるからである。このような疾患は激しい活動をしたり精神的に強い刺激を受けたりしたときだけでなく、就寝の際に現れることも少なくない。特に脳血流に問題が起こる脳梗塞や心臓を締めつける痛みが感じられる狭心症のような急性循環器疾患は、夜中に寝ているときに発生する場合がある。

感覚と動作が鈍い一部の高齢者は、自分の病状を感知することができず、症状が悪化するまで放置してしまう。急性疾患の場合は一刻も早く病院に行って応急措置を受けなければならないのに、側に人がいない場合にはその機会を逃して生命の危険に晒《さら》されることになる。心臓疾患のある人は一人で寝ていて突然死することに特に気をつけなければならない。このような理由から、高齢期の夫婦は別々に寝る生活をしないほうがよい。

高齢期の夫婦はまた、お互いに精神的に慰め合わなければならない。一般的に、定年退職した人は情緒的に大きな挫折感を経験することが多い。高齢者は、職場を退いて仲間と離れた状況のなかで何の社会活動もしないでいると、常に孤独で寂しい日々を過ごすことになる。もし夫婦が別居生活をすればよりひどい孤独感に苛《さいな》まれることになるだろう。孤独感は人びとにうつ病をはじめとするさまざまな精神的な苦痛をもたら

し、身体的健康にも悪影響を及ぼす。日常生活のなかで相手のちょっとした心理的変化や生理的変化を的確にわかり合えるのは夫婦である。数十年間、世の中の辛酸をともに舐めながら苦労を重ねてきた夫婦はなおさらそうであろう。

高齢期になると、たいてい寝ている時間が減る。夜、同じ寝床で夫婦が抱擁しながら愛を語らうそのものが性的な刺激となり、快楽を味わえる。昼間、どんなに不快な思いをしたとしても、夜、夫婦が互いに慰め励まし合うと、昼間の不快感もすっかり消える。だからこそ、年をとるほど夫婦は一緒に寝るほうがよいといわれている。

## (三) 夫婦は時間を共有してこそ長生きする

高齢期の配偶者は人生のパートナーであるだけでなく、調子が悪いときに真っ先に、そして身近なところで世話をしてくれるありがたい存在である。高齢者の結婚満足度は、彼らの生活満足度、幸せ、健康、長寿に至るまで相互に影響を及ぼす。結婚生活と健康の関連性について調べた外国のある研究結果によると、結婚生活が幸せだと思っている人は血圧が安定するなどよい健康状態を保つが、ストレスを受ける結婚生活だとかえって一人暮らしをするとより健康状態が悪くなる場合があるという。アメリカ合衆国の『行動医学会報』(二〇〇七年)によると、幸せな結婚生活を維持する人はそうではない夫婦や独身者よりずっと元気な老後の生活を送っている。

また旧ソ連の長寿研究委員会が数千人の高齢者を対象に行った調査によると、六〇歳まで性生活を続けてきた人びとは八~一〇年間寿命が延長されているという。同調査では、六〇~八〇歳の間は性ホルモンの量と性

欲は減るが、八〇歳を過ぎてからはむしろ性ホルモンの量と性欲が増し、九〇歳代は五〇歳代と同じ水準であると報告している。高齢期に一か月以上性欲を抑えると、かえって健康に悪影響が出ることも明らかにしている。七〇パーセントの人が、性行為を行った後四～六時間経つと関節痛が和らいだ感じがしたという。

このように、高齢期の夫婦の性行為は愛と性として意味があるだけでなく、健康にもよい影響を及ぼす。したがって、年齢が高くなるほど夫婦関係をより尊重しなければならない。また性生活による楽しさを大事にしなければならない。健康状態と年齢に合った性生活を維持することは、孤独感とうつ病を抑制し、同時に精神的健康を増進させるのに効果的であるといわれている。長生きする人びとをみると夫婦ともに長生きする場合が多いが、彼らは長生きの秘訣として少食と適当な労働、楽しい生活だけでなく、弛《たゆ》みない性生活をあげている。

いずれにせよ、性生活は愛の表現の一つであり、肉体と精神の健康を維持し、新たなアイデンティティを生む。性生活は夫婦間の愛、楽しみ、休息、運動などが統合されたものである。何も考えずにただひたすら走るだけのジョギングとは次元が異なる。年をとればとるほど性ホルモンの分泌が減少することによって性交渉力と生殖能力が減退するが、それまでの生活体験や心理的な影響などが高齢者の性的な愛に対する渇望を増減させる。たとえ身体的な能力は衰えたとして

結婚 60 年目の合同ダイヤモンド婚式

も、それを過去の性的体験と精神的な満足で補いながら、十分に性的な愛を楽しむことができるであろう。

## 二、愛と性は神様からの贈り物

幸せな高齢期になくてはならないものの一つが楽しい性生活である。比較的自由に性を楽しんでいるフランス人の高齢者は、年齢とは関係なく積極的に性生活の満足を追い求めている。フランスの老年生活誌である『ノートル・タン（Notre Temps）』の調査によると、五〇歳以上の中高年者の九一パーセントが人生のなかで「愛が最も重要である」と回答している。また「幸せな愛を享受するためには性行為が重要なのか」という質問に対し、二九パーセントの者が「とても重要である」、五七パーセントが「重要である」と回答しており、調査対象の八六パーセントが性行為は大切であると答えている。

フランス人夫婦も他の国の夫婦と同じく、夫が職場の仕事などで忙しかったときに妻は家族の世話や仕事によるストレスのために夫婦間の愛情表現が少なかったが、それらから解放される定年退職後は二人だけの時間を楽しむという。フランスでは高齢者の人生を「年寄りの人生」と呼ばず、「第三の人生」と呼ぶ。結婚をする前までが「第一の人生」、結婚してから定年退職するまでが「第二の人生」、定年退職後が「第三の人生」であるという。「第三の人生」という言葉には、老後の余生を重要視するという意味が込められている。

筆者のこれまでの研究でも、「第三の人生」を迎えた韓国の高齢者に「性生活をどれくらい重要だと思っているか」と聞いてみると、配偶者がいる高齢者は年齢や性別に関係なくほぼ全員が「非常に重要である」と答

える。一方、配偶者がいない一人暮らしの高齢者は「そんなに重要であるとは思わない」と答える。後者の場合は配偶者がいない自分の境遇を自ら慰めるための偽りの回答である可能性もある。だからこそ、高齢者になっても性的な存在として生活しながら「生活の質（ＱＯＬ）」を高めるためには、配偶者とともに元気に生活していくことが必要条件である。

高齢者になるとうつ病、睡眠障害、疲労感、興味の喪失、活動の減少、意欲の喪失などが現れやすくなる。また関節炎・高血圧・糖尿病など、加齢とともに現れる疾患で苦悩したりする。このような状態だと性に対する意欲が落ちるのも当然である。韓国の高齢者は特に、たとえ元気で経済的に安定していても、世間の面子を重んじて言動はもちろん性生活をも慎む傾向が強い。

人生の後半期に経験する大きな変化の一つが性生活で直面する危機である。離婚や死別をすると、公認された愛と性のパートナーとの関係が絶ち切れてしまう。このような高齢者は「愛と性の欲求をどのように解決しようか」と悩むようになる。配偶者が生存していても病気のような健康上の問題が起きたり閉経のような生理的な変化が生じたりしたときには円滑な性行為ができず、生活の質（ＱＯＬ）が変化する。また配偶者がいてもお互いに葛藤する関係になり、仲がよくなかったり財政的に困窮したりしている場合には性欲をまともに発散させにくい。もちろん、性生活に対する意識には個人差があるので一概にはいえない。つまり、性欲を発散させることができなかったとき、一方で強い性的欲求にとらわれて生きていく人がいれば、他方では性に対する関心があまりない状態で生きていく人もいる。

性生活が夫婦関係に影響を与えたりするが、逆に夫婦がどのような関係をつくり、どのようにそれを維持してきているのかによって性的な満足の質が変わる場合もある。仲がよくない夫婦はお互いに性生活に興味を示

さなかったり、たとえ性生活があってもその結果があまりよくなかったりする。

## (一) 夫婦の愛と性、ともに解いていくもの

韓国の男衆は三人寄れば、軍隊とスポーツ、そして愛と性の話で盛り上がる。年をとれば変わるかと思っていたら、高齢者になっても高齢男性が集まるところから愛と性に関する話題が消えることはない。それほど愛と性は強烈な人間の本能的な楽しみである。

更年期に入る年齢になると、定年退職を控えたり子どもが独立したりして夫婦の間で仕事と子どもに関する話が少なくなるが、「夫婦の性生活も終わるのではないか」と考えたりする。高齢者になると、生物学的に男女とも性感が上がるのに以前より時間がかかって絶頂感の感度が弱くなるが、夫婦が一緒に性生活をすることでもたらされる肉体的・精神的な満足の質自体が落ちることは少ない。

男性は若いときから性生活を継続してきている場合には、深刻な病気にかからなければ九〇代までも性生活を維持できると専門家らは言う。女性の場合も高齢者になると一般的に性器が萎縮して膣の潤滑液が減るが、注意しながら性生活をすれば性生活年齢には上限がないと言う。年をとっても愛と性に対する欲望や幻想が長続きするように夫婦がお互いに気配りをすれば、生物学的な老化による性機能低下や障害は少なくなる。平均寿命の延長により、女性は閉経期以降も三〇~四〇年以上も生きられる時代になっている。したがって、配偶者がいる限り、閉経期以降にも性生活を続けることが可能である。性的にも豊かな生活をすれば、高齢期は人生のクライマックス期とすることもできる。

若さというのは年齢が若いということではなく、活気に満ち溢れており、自由に考えて勇ましく行動できる

ことを意味するものである。同様に、老いというのは年配であるということではなく、未来に対する漠然たる不安感のために前へ進むことができない状態でもある。未来のことを心配して過去にとどまり、現在を楽しむことができない人は老いぼれになりやすい。今からでも遅くない。若く生きようと努力しよう。

若く生きるためにも高齢期の愛と性は重要である。愛と性は神様が人間に与えてくれた一つの贈り物であると同時に、大切な楽しみでもある。愛と性は人間が享受できる基本的な生活の一部である。老いたという理由だけで性生活をなおざりにするのは、人間に与えられた特権を自ら諦めることになる。高齢期の性生活は若い夫婦のような恍惚感が少なくとも、愛を確認するのに必要な重要な要素であることは間違いない。

高齢期に夫婦関係が疎遠な人は、手遅れになる前に「忘れてしまった夜」を早く取り戻す必要がある。長い間性生活がなかった場合にはうまくいかないこともあろう。しかし、うまくいかないのが当たり前だとお互いに理解しようとする心構えが必要である。若かったときより強い刺激が必要な場合があるかもしれない。それでもうまくいかない場合には医療機関を訪ねたほうがよいだろう。高齢期にも熱い愛と性の生活を維持しようとするならば、普段の生活のなかでも愛情表現や接触を頻繁にし、お互いに心と身体の距離を縮める努力が必要である。

## (二)　中高年の雲雨の情

中国の戦国時代、楚国《そこく》の懐王《かい》が都を離れて雲夢《うんむ》というところに行ったことがあった。そこの高唐館《こうとうかん》で気分よくお酒を飲んだ後しばらくうたた寝をした。すると、夢の中に美しい女人(1)が現れ、「王様がいらっしゃったという話を聞いたので寝床を一緒にしようと思って来ました（原語：聞君遊高唐、願薦枕席）」と言った。王

様は彼女の美しさに惚れて彼女と雲雨《うんう》の情を交わした。別れ際、女人は次のような言葉を残した。

「私は巫山《ふざん》の南側の険しいところに住んでいる女人ですが、朝は雲霞《うんか》になって夕方は時雨《しぐれ》の姿になって貴方のことを偲《しの》ぶようにします」

この言葉を告げるやいなや女人は姿を消し、王様ははっと目が覚めた。翌朝、王様が巫山のほうを眺めてみると、女人が言ったとおり峰に美しい雲がかかっていた。王様は女人を偲んでそこに朝雲廟《ちょううんびょう》という祠《ほこら》を建てた。そこから巫山之夢、すなわち「巫山の夢」という男女間の交情を意味する故事成語が生まれた。性生活の専門家らは、巫山の夢を成し遂げる「雲雨之情」について次のように助言する。

◆高齢者の性生活の原則◆

□ 性行為の時間は重要ではないので、他人と比べない。
□ 前戯をより長くし、実際の性行為の時間はあまり長くならないように調節するのがよい。
□ 性行為を長くするために性行為中断法や射精引き延ばし法を使うのは身体に無理をきたすので避けたほうがよい。
□ 射精のない愛撫や身体接触をするのもよい。
□ 女性上位の姿勢が男性の体力消耗を減らす場合もある。
□ 六〇歳以上の者が六〇日間性生活をしなければ性機能障害が生じる場合もあるので、性生活を継続的にするのがよい。
□ 自慰行為を頻繁に、念入りにしなさい。パートナーがいても自慰行為は必要であり、パートナーの自慰行為を手伝ってあげることもよい。
□ 性行為の時間は夜や夕方より早朝がよい。
□ 入浴後や食後には三〇分たった後に性行為をしたほうが負担が少ない。

□性行為中に眩暈《めまい》がしたり、胸が息苦しかったり、心臓の鼓動が激しかったり、顔色が青ざめたりした場合には、すぐに安静を取って専門医の診察を受けなければならない。

□激しい運動の直後や極度の興奮状態の際には性行為を慎む。

□不慣れな環境では、できれば性行為を避ける。

□性行為の前後は十分な睡眠と休息が必要であるが、特に性行為の後より性行為の前の休息がより重要である。

□他人が自分の性行為力を誇張して言うのを聞いても自分と比較しない。

□普段から適切な運動をしなさい。運動は性腺刺激ホルモンとエンドルフィンの分泌を促して性交渉力を活性化する。最大筋力の八五パーセント以上を使う運動は男性ホルモンであるテストステロン数値を高めてくれるという研究結果もある。

□肛門括約筋を鍛えるケーゲル運動(2)を繰り返すと、男女ともに性交渉力が高まる。

□性描写の映像など、適当な性的な刺激を楽しみなさい。年をとれば神経細胞の感受性が鈍くなって興奮伝達のスピードが低下するので性的な刺激が必要である。

□性交渉力を高めてくれるという精力剤を過多に服用しない。

□性生活の危険因子の一つは喫煙と飲酒である。性交渉力を長く維持しようとするならば酒とタバコを控える。

□十分な睡眠は必須である。寝ることは性交渉力の維持だけでなくすべての健康の源である。

## 三、高齢者だけの性行為スタイルがある

人間は死ぬまで性的な存在でもある。年をとれば慢性疾患や障害、老化などによって性の表現方法が変化こそするが、老化によって性的な存在でなくなることは決してない。高齢者になって性交渉力が少々落ちてもベッドの中でお互いに肌と肌を触れ合わせながら性感を持つ、いわゆるスキンシップタッチ（skinship touching）により性生活を楽しむことも重要である。性行為には必ず挿入や射精をしなければならないという固定観念を捨てれば、肌の接触だけでも満足感を得ることができる。

韓国の地方自治体が運営する老人福祉館や老人文化センターなどに行ってみると、最も人気のあるプログラムの一つがダンスである。一緒にダンスをしながら自然に接触ができるからである。高齢者専用コーラテック（アルコールなしのディスコ）が人気を博している理由の一つもこのような肌の触れ合いがあるからである。性行為にはそのような行為のみではない。キス、抱擁、愛撫、自慰行為なども含まれる。一部の高齢者は、挿入を伴う性行為をしなくても手を撫でるだけでそれなりの快感を得ることができるという。このような高齢者の性欲に対して、社会が理解を示すという意識転換が必要である。

ソウル平和総合社会福祉館が運営している老人大学に熱心に通う七三歳のある高齢男性は、自分のことを率直に打ち明ける。

「寂しさを乗り越えられる方法を見つけないと。もし相手がいなければ自慰行為でもして自らの欲求を確認する必要があると思います。年をとったら必ずしも若者たちと同じようにしなくてもいいでしょう？」と。

このようなさまざまな方法がすべて親密な関係の表現方法だというのがわかるようになると、より満足した愛と性を楽しむことができる。愛と性は幸せな結婚生活とロマンチックな関係づくりにも非常に重要である。一人の自我概念、自我尊重、そして身体的・精神的な健康においても愛と性は核心的な要素である。

## (二)　抱擁だけでも十分

韓国の漢方医らは「女七七、男八八」という表現をよくする。女性は七×七の四九歳、男性は八×八の六四歳になると、気力が衰えて体力や性交渉力がめっきり弱くなるという。しかし、この言葉は決して性欲が完全に消えて性交渉力がすべて喪失されるという意味ではない。配偶者がいて絶えず性生活をしている人はもちろんのこと、死別や離婚などの理由で性生活を中断した人の場合も、大脳皮質の中の潜在意識、すなわち青春時代と中年時代の性経験がよみがえるので、異性の抱擁や愛撫を受ければ条件反射的に性欲が生まれる。

高齢者は特に、他の年代に比べて接触を通じた相互作用をより強く求める。肩や腕を擦《さす》ってあげたり背中を撫でてあげたり抱きあげてやったりすることは、愛と性に対する欲求を解決するのに役立つであろう。高齢者の愛と性に対して「みっともない」と卑下してはならない。高齢者はさまざまな方法で愛と性をより楽しむ必要がある。性行為というのは「心体で行うコミュニケーション」でもある。性行為は身体でするだけではなく、心と脳でするということを今一度思い起こそう。

## (二)禁欲よりは「ポルノ」を求めよう

「ポルノ・スンジェ」とは、韓国のMBC(Munwha Broadcasting Corporation:文化放送)テレビで放送されたドラマ『躊躇《ちゅうちょ》なきハイキック』に登場した漢方病院の院長のニックネームである。大家族の家長である彼はある日、家族に内緒でインターネットからポルノをダウンロードして観ていた。それが家族にバレて家族から「ポルノ・スンジェ」という情けないニックネームが付けられた。MBCテレビの娯楽プログラムである『黄金漁場』のなかにも、定年退職したある父親が衛星テレビから偶然に見つけた猥褻な映画にのめり込む場面がコミカルに描かれている。

これらは、多くの中高齢男性が猥褻な動画を楽しみ、「原初的な本能」に忠実なる姿を描いているという点で、昨今の高齢男性の性に対する意識を示唆しているものである。一般的に「ヤドン」[3]と呼ばれる性的な映像物は、性交渉力が衰えていく高齢男性を性的なファンタジーの世界に誘《いざな》い、性的な欲求の一定部分を満たしたり、性ホルモンの分泌を刺激する手段になったりする。性欲が大きく減退した場合には男性ホルモンを補うというのが効果的ではあるが、俗称「ヤドン」と呼ばれる性的な映像物はそれに役立つ。実際に高齢者福祉施設のWebサイトの掲示板には「ヤドン」の広告が載っており、ソウル市の宗廟《チョンミョ》公園付近の成人向けのPC部屋[4]では六〇代以上の人をたびたび見かける。

高齢者は愛と性に対して前向きに考えるとともに適切な性的空想をする必要もあろう。加えて、自慰行為もすればよりよいだろう。適切な性的空想と自慰行為は、年をとっても性的なリズムを維持するのに役立つ。一人暮らしの人はもちろんだが、一人暮らしでなくても自慰行為や適当な性的幻想を持つ必要があるだろう。実際に、自慰行為が上手であれば性行為もうまくできる場合がある。しかし、性について語ることをタブー視す

る文化を持つ韓国では、自慰行為に対して否定的である。誰かに見つかることを心配して男子が射精を急ぐ思春期の自慰行為は、早漏という深刻な病状をもたらすこともある。それに、自慰行為に対する誤った迷信と教育のせいで罪の意識まで生まれ、完全なる快感を享受できなくなる。

実は、世界的な性の研究者らは早漏と心理的な性障害を治療する際に自慰行為を積極的に活用している。楽な状態で時間を十分にかけて自慰行為に没頭するようにし、自らの性的反応を感じるように訓練させるのである。これを通じて男性は射精に対する肉体的な反応に慣れて射精を調節できるようにもなるし、自分の性感帯についてもよくわかるようになる場合もある。女性にとっても自慰行為は不感症を治癒させ性感を増幅させるといわれている。

日本のある統計によると、正常な結婚生活において性行為を定期的に持つ六五～九二歳の高齢男性の二五パーセントが自慰行為を楽しんでいるし、パートナーがいなくて不十分な性行為をするしかない男性の一八パーセントが自慰行為を楽しんでいるという。また勃起不能に陥った一一〇人の高齢男性の二四パーセントが自慰行為を楽しんでいるし、七〇代の女性の二五パーセントが自慰行為をしていることが明らかになった。高齢期になると、性交渉力、性的反射と反応作用を継続的に維持するために、どのような方法を使ったらよいだろうか。「理想的な方法」とはいえないかもしれないが、自慰行為が性的反応を敏感にさせる方法であろう。

適切な性のパートナーがいなくて禁欲をしなければならず、そのせいで性交渉力を永遠に失ってしまうくらいなら、かえって自慰行為を楽しむのも一案である。自慰行為は性器官の生命を保全して延ばすのによい方法といわれているからである。韓国社会における自慰行為に対する認識は過去に比べて非常によくなってきている。しかし、まだまだ「自慰行為は悪いことではなく、自然なことである」という程度の認識にとどまってい

る。しかも、世間では思春期の少年や少女たちの自慰行為にしか興味がなく、高齢者が自慰行為を十分に、そして安心して念入りに楽しむことができる環境にはまったく気を配っていない。家族が突然ドアを開けて入って来られる環境の中では安心して自慰行為ができるわけがない。

結論的に言うと、肌を接触したり抱擁したり積極的に自慰行為をしたりするなどの弛《たゆ》みない性生活は、高齢者の身体的・生理的機能の衰退の防止に大きな役割を果たす。特に老衰のため身体的な障害がある人は、円滑な身体機能を維持するためにも無理のない範囲内で絶えず性生活をするのも一案である。

## 四、増える熟年離婚

夫婦の暮らし方には四つのタイプがあるという。一つ目はお互いを慈しみながら一緒に暮らす夫婦、二つ目は相手のことを可哀想に思って一緒に暮らす夫婦、三つ目は仕方なく一緒に暮らす夫婦、最後は憎しみ合い毎日のように喧嘩しながら一緒に暮らす夫婦である。数十年を一緒に暮らしてきた自分たち、また自分の両親はこのうちどのタイプの夫婦であろうか。

数年前までは、結婚してすぐに別れる新婚離婚が社会問題になっていた。ところが近年、数十年を一緒に連れ添った夫婦が別れる熟年離婚が急増している。昔は子どもたちを結婚させながらも別れたりしないかと心配していたが、このごろは両親が別れるのではないかと子どもたちが親の心配をする世の中になっている。韓国では結婚式の仲人の祝詞に「髪が真っ白くなるまで幸せに暮らして」という決まり文句があるが、「白髪」に

なった夫婦たちの離婚はもう珍しくも何ともない。

韓国統計庁によると、二〇〇九年の一年間に韓国で離婚した夫婦は一二万四〇〇〇組である。二〇〇一年に離婚した夫婦は結婚三〜五年目の夫婦が最も多く、離婚件数全体に占める割分が約三〇パーセントであった。しかし、二〇〇九年には結婚二〇年目を過ぎた夫婦が最も多く、離婚夫婦全体の約二二・八パーセントである。結婚一〇年以上二〇年未満の夫婦まで含めると五七パーセントにもなる。

一方の日本だが、厚生労働省の「平成二一年度離婚に関する統計」の概況によると、二〇〇八年に二五万一一三六組が離婚しており、一九九五年の一九万九〇一六組に比べて約五万組も増えている。同居期間別に見た離婚の年次推移を見ると、同居期間が五年未満の割合は一九五〇年から低下傾向にあり、離婚件数全体に占める割合が一九八三年に三二・二パーセントにまで低下した後、上昇傾向に転じたが、一九九七年の四〇・一パーセントをピークに再び低下傾向となっている。一方、同居期間が二〇年以上の割合は一九九九年まで上昇傾向にあったが、その後は増減を繰り返し、二〇〇八年には一六・五パーセントとなっている。

## (一)　高齢女性たちが起こした熟年離婚

すべての年齢層において離婚が増えている現状にあるだけに、取り立てて熟年離婚のみを問題視するのは高齢者に対する差別につながりかねない。しかし、苦楽をともにしてきた夫婦は仲睦まじく高齢期を迎えるところであるのに、熟年となっていきなり別れることになれば、若い世代の離婚と異なったさまざまな問題が起きる。だからこそ、私たちはこの問題に目を向けなければならない。

一九五三年に結婚して三男二女をもうけた七〇代のある女性が二〇〇七年一月に最高裁判所の判決により、

五〇年を超える結婚生活に終止符を打ち、二〇億ウォン（約二億円）の財産分与を受けた。その女性より六歳年上の夫は、若いときからずっと浮気をしてきた。その女性との間に子どもまでつくって自分の実子として戸籍に入れた。もっとひどいことに、それまで我慢して生活してきた女性が脳血管障害になって家事をするのが困難になると、夫は彼女を虐待し始めた。耐えかねた女性は二〇〇三年に離婚訴訟を起こした。一審と二審に引き続き、最高裁判所でも勝訴し、約五年間の離婚戦争を終えた。

実はそれ以前に、七〇代の妻が八〇代の夫を相手取り離婚訴訟を起こしたことがあるが、最高裁判所は「不当な待遇を受けたとしても高齢で障害のある夫の面倒を看なければならない」という判決を言い渡し、女性の訴訟を退けて離婚を認めなかった。当時の最高裁判所の決定には、急増する熟年離婚や家庭崩壊に警鐘を鳴らそうという意図も含まれていた。しかし、遅ればせながらも自分の人生を取り戻そうとした七〇代の女性の切なる願いを無視したということで、最高裁判所には多くの人びとから非難が浴びせられた。

どうして、高齢女性たちが高齢期に何年もかけて裁判をし、離婚をも辞さないのだろうか。このことは、親の面倒を見ながら生活している子どもたちはもちろん、社会も高齢期の夫婦問題を真剣に考えなければならない。

熟年離婚は若い夫婦の衝動的な離婚とは様相が異なる。長い間、積もりに積もった不信感と怒りが爆発した結果としての離婚なのである。これまでは、相手に三行半《みくだりはん》を投げつけてすぐにでも離婚したいと思いながらも、子どもたちの進学や結婚などを考えて我慢してきた場合が多かった。しかし近年、韓国で高齢女性が申し立てる熟年離婚が急増している。家庭と家族が最優先であるという価値観を押し付けられ、不当な扱いを受けても辛抱し、悔しくても耐えることを美徳としてきた高齢女性の認識が変わった結果でもある。

実際に、離婚を要求するのは高齢女性がはるかに多い。これは根深い家父長的な権威意識がある男性に対する反発であるかもしれない。韓国の女性にとって、家庭と結婚は服従が美徳であり、犠牲が義務であった。半世紀前までは、男女は同等な人間として同じ待遇を受けるべきとするのはもっての外だった。熟年離婚を申し立てる近年の高齢女性の行動から、「今からでも私の人生をまともに生きてやる」という意気込みが垣間見える。

## (二)　性格の差？　性的な差！

五〇代から六〇代に移る時期、すなわち中年期から高齢期に変化する時期の特徴も、高齢夫婦の葛藤を深める。この時期は子どもたちには親の役割、七〇～八〇代の老父母らには子どもの役割という二重の役割を担わなければならない時期である。このような家族関係の中で苦しみに耐えていると夫婦間に葛藤が生じる。現在の高齢夫婦だけでなく、やがて高齢期を迎える中年夫婦も同じ状況に置かれている。

一般的に、離婚の理由として「性格の差」が取り上げられる場合が多いが、その内面をよく覗き見ると「性的な差」である場合が少なくない。夫婦間の性的な不仲は年をとるほど男性に原因がある比重が大きくなる。ストレスや老化などによって四〇代半ば以降に勃起力が急激に落ちる夫は、三〇代後半以降にも性欲がある妻の欲求を満たしてあげることができないことが多くなる。妻の欲求を満たしてあげられるだけの性交渉力が残っている夫であっても、その性交渉力を妻のために使うのではなく、他の女性に目を向け、妻には性的に無関心となる。妻から不満を言われると、理解するどころか喧嘩を売られていると思って葛藤を増幅させる。

円満な夫婦関係のために勃起力を保持する努力は必要であろう。人間の身体は約六〇兆個の細胞でつくられ

ているが、毎秒五万個が新たにつくられるという。したがって、少なくとも三年以上にわたって節酒・禁煙・減量などを絶えず行えば、細胞全体を入れ替えることができる。三年はともかく三か月だけでも健全な生活を続ければ、全身の健康、特に脳や血管の健康がよくなって強い勃起力が生まれると専門家らは言う。

勃起不全は生活習慣病という外敵が侵入して来たことを知らせる烽火台《ほうかだい》であるとも理解しなければならない。勃起不全を治療するためには薬を服用する方法がある。ストレスや怠惰《たいだ》、時間不足のため、自分が直面している性の問題を自ら解決できない男性たちにとって勃起不全の治療薬は宝物である。

勃起不全の問題を解決するのに夫婦が一緒になって努力すればよいのだろうが、ほとんどの家庭が望ましい夫婦関係、夫婦ともに幸せな夫婦文化をつくれない場合が多い。そのため、「私たちの高齢期には夫婦文化がない」とまでいわれている。夫婦が協力して夫婦文化をつくるどころか、互いに罵《のの》り《し》合う夫婦関係にある夫婦も多い。このような問題を解決するためには、特に男性である夫のほうが変わらなければならない。男女平等時代に生きているということを直視し、妻に優しく接することが強く求められる。男性が女性の上に君臨した時代はもう終わっている。女性にもてる、いわゆる「つばめ族」(5)はハンサムで有能な男性ではなく、女性が願っていることを叶えてあげる男性である。

頭髪が真っ白な夫婦が手を握ってのんびりと散歩をしながら幸せな老後を過ごす、そんな夫婦ははたしてどれくらいいるのだろうか。二〇〇八年四月に実施された韓国の第一八代国会議員選挙に立候補したある候補者は「三〇年以上一緒に生活してきた夫婦には白髪手当を支給する」という公約をして世間の話題になったことがある。長い歳月を一緒に過ごす夫婦がそれだけ減ってしまっているということであろう。

## (三)　日本の熟年離婚から韓国の大学入学試験離婚まで

「熟年離婚」は一〇年ほど前に日本から韓国に渡って来た現代用語である。日本は熟年離婚が離婚全体の一六パーセントである。熟年離婚のうち八〇パーセントは妻が夫に三行半を投げつけたものであり、二〇パーセントは夫が妻とは住めないと訴訟を起こしたものである。日本では、熟年離婚が夫の退職とともに訪れる場合が多いことから「定年離婚」とも呼ばれる。一昔前は若年離婚に対して「成田離婚」という言葉が流行したこともある。結婚したての男女が新婚旅行から帰ってくる成田空港で離婚してしまうことを指して使われた言葉である。

日本では戦後のベビーブーム世代である「団塊世代」の定年退職の本格化に伴って熟年離婚が増えており、大きな社会問題として台頭している。二〇〇七年四月から実施された離婚時の厚生年金の分割制度によって熟年離婚が急増すると憂慮されていたが、熟年離婚は思ったほど増えなかったという。実は韓国では一九九九年から年金分割制度が実施されている。離婚した場合この制度によって、夫または妻は過去の婚姻期間に該当する期間分の年金額の半分を相手に渡さなければならない。

近年、韓国でも熟年離婚が急増するなか、「大学入学試験離婚」という現代用語が登場した。熟年離婚まで待ち切れず、子どもが大学に入学するのを待って四〇代半ば~五〇代初め頃に離婚するというものである。

自分の「熟年離婚」の可能性はどれくらい高いのか。日本のシニアルネサンス財団では夫婦が一緒にチェックできる熟年離婚危険度チェック表を作成した（http://www.sla.or.jp/check/rikonn0312.html を参照）。この表にチェックしながら「私たちは大丈夫」と思う夫婦こそ危ない。もちろんこのチェック表はあくまでも参考資料であり、絶対的な基準ではない。ともかく、夫が熟年離婚に遭遇する危険度や、妻が夫に熟年離婚を要

求する危険度を一度点検してみよう。

### ◆熟年離婚・危険度チェック◆

【夫用】

□ 夫が家にいるときは妻も家にいるべきだ。
□ 食事の支度や衣服の整備等、身の回りのことは自分でできる。
□ 妻の外出先をいちいち訊かない。
□ 妻名義の資産が結構あるようだ。
□ たまには女性誌も読んでみる。
□ 女性が集まるとくだらない話ばかりしている。
□ 私は良い夫だ。
□ 男は外で働き、女は家を守るものだ。
□ 定年後は「余生」だと思う。
□ 私は人見知りする方だ。
□ 健康でいるために努力や工夫をしている。
□ 妻と二人で居ると会話に困る。
□ 家族団欒のとき居場所が無い。
□ 妻とは金銭感覚が合わない。
□ 私の好物が食卓に並ぶことは滅多に無い。

【妻用】

□ 夫は私が外出することにうるさい。

□夫は近所づきあいが下手だ。
□夫は私がいないと下着がしまってある場所さえわからない。
□夫は私のへそくりにはまったく気づいていないようだ。
□夫には言いたいことがあっても喧嘩になるのが目に見えているので我慢する。
□子どもや孫のためにする料理は楽しいが、夫と二人分の食事を作るのはつまらない。
□「友だち夫婦」に憧れる。
□夫はおだててこき使うべきだ。
□趣味に没頭している時間は何よりも楽しい。
□夫には順応性が無い。
□夫は無趣味だ。
□夫と二人、向かい合うのは苦痛だ。
□友人との旅行は楽しいが、夫と二人での旅行なんてまっぴらだ。
□夫との共通の話題は子どもや孫の事しかない。
□私が体の不調を言っても夫は無関心だ。

**【該当項目と危険度】**

□一四個以上：九〇パーセント以上　□一三個：八〇～八九パーセント　□一一～一二個：七〇～七九パーセント
□九～一〇個：六〇～六九パーセント　□八個：五〇～五九パーセント　□六～七個：四〇～四九パーセント
□五個以下：極めて低い

## 五、熟年の危機はこうして克服しよう！

高齢期の一人立ちの生活は決して容易なことではない。熟年離婚は不幸の終わりを意味するものではない。離婚したとしても前夫や前妻であることに変わりはなく、子どもの問題や経済的な問題は依然として解決されない場合が多い。

韓国の結婚相談所の「素敵な出会い善友《ソヌ》」が二〇〇七年に五〇歳以上の離婚者三二人（男性一七人、女性一五人）を対象に朝鮮日報と共同で行った調査によると、離婚後に経験している最大の困難は「寂しさと孤独感」（四六・八パーセント）である。経済力がないまま離婚する女性は、特に経済的に困窮する場合が多いが、熟年離婚した女性の四〇パーセントが離婚後に生活がより苦しくなったという男性は二九・四パーセントと、女性より少なかった。離婚後に所得のある仕事に携わっている男性は八八・二パーセント、女性は六〇パーセントであり、離婚後の女性の経済状況がより不安定であることがわかる。

相手の善し悪しの物差しだけで熟年離婚を判断することはできないが、熟年離婚を決める際は「その後」の生活について慎重に考えなければならない。熟年離婚は「最良の選択」ではなく「最善の選択」でなければならない。

韓国でもワーク・ライフ・バランス（仕事と生活の調和）が政策的に進められているが、五〇～六〇代はこのような政策の方向とは逆方向の人生を選択してきた場合が少なくない。男性たちの頭の中にいまだにへばり

ついている家父長的な考え方は、今後さらに多くの夫婦を熟年離婚に陥れるだろう。もちろん熟年再婚も増えてはいるが、熟年離婚の急増によって一人で高齢期を生きていく人びとが確実に増えている。一人暮らしの高齢者は困窮や寂しさの中で残された人生を送る羽目になる。

日本の女流作家の佐橋慶女《けいじょ》のベストセラー『おじいさんの台所』（文藝春秋、一九八四年）は、妻に先立たれた八三歳の彼女の父親の自活生活を綴った苦難の記録である。父には一男三女がいるが、みな父親の面倒を見られる状況ではなかったため、父親は自活の道を選ぶ。結局、最も近くに住んでいた三女（著者）が時折面倒を見るようになったが、家事一切に無縁だった明治生まれの父親を自活させるため、〝鬼軍曹〟と化した娘が特訓を行う。父親は「お前はママより小言が多い」と娘と言い争ったりしながら家事を覚えていく。

そんなある日、彼は「一人で楽しく生きる方法を自分で工夫しながら生活してみよう」と決心する。定年退職後、できる家事は花に水を遣ることと郵便箱から手紙を取ってくることしかなかった彼の人生は妻の死によってがらりと変わり、もう無能な定年退職者のままでいることは許されなくなってしまった。年をとって一人で生きていくということは、すべてのことを一人でやらなければならないということである。

## （一）　相手に配慮する夫婦関係

二一世紀における結婚生活の最大の問題の一つは、夫婦が慈しみと共同体意識を喪失しているということである。その主な原因は機械化された製品に私たちが多くのことを頼っているためでもある。それにより、お互いを思いやることから生まれてくる慈しみや共同体意識が消え去ってしまったのである。韓国で表面化している高齢期の夫婦間の葛藤は「食べていくのに精いっぱいの若いときを過ごしてきた彼らは、家庭で楽しさを見

つけたり夫婦間でアイデンティティを形成したりすることがなかなかできなかった。定年退職後に家庭に帰って来てもお互いにぶつかることが多いから葛藤が生じる」と分析されている。

このような現実を勘案すると、残された高齢期をもう少し幸せに送るためには、夫婦関係を再構築する必要がある。「幸せな高齢期」は何といっても夫婦関係がカギを握る。中年時代には日常生活における男女の役割区分が明確であったが、高齢期にはその区分が不明確である。朝、夫が職場に行って夕方に帰ってくることがなくなるからである。したがって高齢期の夫婦は、誰かが誰かを食べさせる夫婦関係ではなく、一緒に暮らす仲間であるという意識を持つ必要がある。友だちのように同等な立場でお互いを支え合わなければ、パートナーとしての信頼は築けない。

お互いを思いやる高齢夫婦

高齢期の夫婦関係は共通の関心事や趣味がないと、お互いに無関心になりやすい。夫婦関係がぎくしゃくしているときには、両親だけに任せておかずに子どもらが間に入って話し合う場を設けたり、両親が二人だけの旅行に行きたがらない場合には一緒に行ってあげたりするなど、周りから積極的にサポートする必要がある。何よりも、夫婦は片方がもう一方に尽くすだけの関係から脱皮し、お互いをより思いやらなければならない。

韓国では一九九四年に世界最初の「夫婦の日」が法定記念日として制定された(6)。夫婦関係の大切さを啓蒙す

るとともに、仲睦まじい家庭を築いていこうという趣旨から制定されたが、五月二一日のこの日をどれだけの夫婦が知っているだろうか。夫婦の日に制定された「夫婦ロングラン五か条」に耳を傾けてみよう。

その一、褒《ほ》め言葉を惜しむな。
その二、一緒に楽しめる娯楽や趣味をつくれ。
その三、禁煙・節酒して健康を守れ。
その四、経済的・心理的に一人立ちせよ。
その五、夫婦教育プログラム(7)に積極的に参加せよ。

「褒め言葉は耳で飲む良薬」という言葉がある。夫婦はお互いに躊躇《ちゅうちょ》せずに褒め言葉を言うことを怠ってはならない。「夫婦円満の伝道師」として名高いアメリカ合衆国のワシントン大学心理学科の碩座《せきざ》教授(8)であるジョン・ゴットマン（John M. Gottman）博士の夫婦円満の処方も意味がある。

◇是是非非をあまり選り分けるな。
◇二人とも幸せであることがより重要である。
◇相手に感謝の表現をよく用いなさい。一日に三回だけでも幸福指数が上がる。
◇会話の内容を記録して前向きなものと後ろ向きなものに分けてみよう。

円満な夫婦はお互いに対する肯定と否定の比率が一対一であるが、その比率が〇・七五対〇・二五の地点から離婚の方向に向かい始める。それでは、若い夫婦も高齢期の夫婦も関係なく、白紙の上に夫婦で一緒に愛のプランを描いてみよう。以下の「夫婦生活満足度調査」（韓国精神保健学会作成）で正解が多いほど夫婦間の親密感と信頼感が高い。夫婦が別々に作成した後にすり合わせてみよう。

◆夫婦生活満足度調査◆

□夫（妻）の最も親しい友人二人の名前は？
□初めて出会った日に着ていた夫（妻）の服は？
□最近夫（妻）が最もストレスを受けていることは？
□両家の親戚の中で夫（妻）が最も嫌がる人は？
□両家の親戚の中で夫（妻）が最も好きな人は？
□夫（妻）がこれから五年以内に必ず成し遂げようとする夢は？
□夫（妻）が幼いときに最も自慢だったことは？
□夫（妻）が幼いときに最も恥ずかしかったことは？
□夫（妻）が最も好きなスポーツは？
□夫（妻）が最も尊敬する人物は？
□夫（妻）の最大の競争相手または敵は？
□夫（妻）が最近最も心配していることは？
□夫（妻）が最も嫌う動物は？
□夫（妻）が最も好きな動物は？

□夫（妻）が最も嫌う食べ物は？
□夫（妻）が最も好きな食べ物は？
□夫（妻）が最も怖がることは？
□夫（妻）が苦しいときに最も行きたがる心のふるさとは？
□夫（妻）が最も好きな歌手や音楽は？
□夫（妻）の住民登録番号は[9]？

## （二）夫婦中心の夫婦関係をつくれ

夫婦は向かい合って互いに見つめ合うときより、同じところを一緒に眺めるときがより幸せだという。韓国の夫婦は向かい合って互いに見つめ合うのはさておき、時として度が過ぎるほど同じところを眺めるのが問題である。子どもの教育問題がその一つである。

韓国の夫婦は子どもたちの教育にばかり関心を寄せており、自分たち夫婦のことは忘れてしまうことが少なくない。経済的に余裕がある夫婦も子どもに財産を譲らなければならないという考え方でいるため、一度も海外旅行に行かない。年をとるほど、「子どもの成功が自分の幸せ」だと思うようになるが、そのような考え方も好ましくない。他人の子どもと自分の子どもを比べながら落ち込む場合も少なくない。

高齢期に本来の自分だけの人生を生きるためには、子ども第一主義から敢然《かんぜん》と脱皮しなければならない。産み育て、勉強させて結婚させてやれば、子どもに対する親の役目はほとんど終わる。子どもに対する「無限のサービス」を提供する必要はない。高齢者自らが子どもに縛られる人生から脱皮しなければならない。

夫婦間で最初の愛が最後まで変わりなく続くことは難しい。その意味で、新婚のときから高齢期まで仲睦まじく過ごしている夫婦には、何か特別なものでもあるのではないだろうかと思う。二〇年、三〇年以上にわたって円満な結婚生活をしている夫婦は、配偶者の表情一つだけからでも相手の心中がわかるという共通点がある。これは、長い間お互いを見つめ合い、お互いを思いやりながら人生を生きてきたからこそ可能なことである。夫婦は互いの顔色をうかがいながら互いを気づかっていかなければならない。

年をとれば、配偶者の看護や介護をしなければならないときがくるだろうし、死別のときが近づくであろう。もし配偶者に先立たれると残された人は大きな悲しみに包まれるだろう。だからこそ、高齢期には配偶者のために何ができるのか常に考えながら生きる必要がある。もはや胸騒ぐ愛がないとしても、お互いを思いやるそんな夫婦になってほしい。

高齢期は人生最高の時期の一つとなる。太陽は沈む前にあれだけ美しい夕陽を残しているのではないか。高齢期は結末を控えた演劇のクライマックスであると同時に、最終章に向けて走るオーケストラの雄大で壮厳なハーモニーのように胸が張り裂けそうな感動の旋律である。全米退職者協会（AARP）では、老後の豊かな夫婦関係づくりのために次のようなことを勧めている（http://www.aarp.org/）。

◆老後の豊かな夫婦関係のための勧告◆

- □ 夫婦が一緒に定年退職後の生活を設計し、お互いに議論しながら愛と尊敬の念を確認する。
- □ 各自の財政問題について語り合い、お互いの年金、貯金、財産などを隠さない。
- □ 定年退職前から各自の友人と社交生活をしていなければならない。
- □ 新しい活動と日常生活を目指すが、その際は常に夫婦が議論して随時修正しながら補完する。

□相手のプライベートを尊重し、各自の時間と空間を認める。
□夫婦の役割を少しずつ変えながら生活してみる。例えば夫は妻がしていた家事をし、妻は夫がしていた仕事をしてみる。
□端整な外見を心がけるとともに、身なりにも気を使う。
□たくさん話し合い、相手の言葉に耳を傾ける。

ドバイの「夫婦四九か条」も一度読んでみる価値がある。アラブ首長国連邦（ＵＡＥ）の一つであるドバイでは、近年の急速な経済発展に伴い、女性の発言力が強まって離婚率が高まっている現状を踏まえ政府は、二〇〇六年に「夫婦四九か条」を発表した。政府が国民のカウンセラー役を買って出たのである。この夫婦指針は、まったく異なる惑星である火星と金星から来た存在のように、男と女は異なる存在であるということを肝に銘じなさいと忠告する。四九か条の一部を吟味してみよう。

◆ドバイの夫婦指針◆

【夫】
□妻の不便を無視するな。妻は感情的に支えてくれることを期待している。
□女はけちな男は好きではない。けちるな。
□言語による暴力は絶対禁物である。
□妻の服装・化粧・料理を褒めなさい。妻が女性らしいということを認識するように努力しなさい。
□妻の社会活動を制約するな。女性も社会的存在である。
□浮気は絶対するな。夫の浮気は妻に対する最も苛酷な行為である。

【妻】
□夫の中にある闘争本能を挑発するな。男は興奮すれば自制力を失う。
□男はおしゃべりな女を嫌う。小言は夫を混乱させるだけである。
□夫に済まないという言葉を期待するな。男は本当に謝らなければならないときは間接的に表現する。
□要求する妻にならずに自足する妻になりなさい。
□自分と夫を比べるな。彼は自分とは異なる存在である。

## 六、熟年離婚の芽は中年期に生まれる

韓国では中年期以降の愛と性が放置されている。夫は仕事に追われたり毎晩のように続く飲み会に付き合ったりしているため、妻との寝床から遠ざかる。妻も家事や子どもの世話で忙しく、おまけに望むと望まざるとにかかわらず閉経も訪れ、愛と性から遠ざかった世界に入っていく。子どもたちは親の愛と性を毛嫌いし、醜いとさえ思う。こうして、中年期以降にセックスレス・カップル（sexless couple）が増えていく。

多国籍製薬会社であるイーライリリーが韓国、アメリカ合衆国、日本、フランスなど四か国の男女一二〇〇人を対象に行った調査によると、四か国のうち韓国の夫婦生活満足度が最も低かった。韓国の満足度は男性三一・四パーセント、女性三五パーセントだった。日本は男女とも五〇パーセント、フランスとアメリカ合衆国は男女とも七〇パーセントを超えていた。また他の多国籍製薬会社が二九か国の四〇～八〇歳の男女

二万六〇〇〇人を対象に行った調査でも韓国人は回答者一二〇〇人の半分以上の五四パーセントが一週間に一回未満または月に一回未満の性行為を行うと回答している。しかも、回答者の二四パーセントは年に一回も性生活をしなかったと回答した。世界的に見ても韓国人の性満足度は「深刻に低い水準」に、セックスレス度は「深刻に高い水準」になったのである。

全世界的に見て中年夫婦の離婚率が高くなっている。中年夫婦の離婚率上昇の原因として性的な問題が絡んでいる場合が少なくない。多くの中年夫婦が「性は大した問題ではない」と思っているようだが、夜の営みがうまくいかないとかなり悩む。夫婦間の性の不一致がどれだけ深刻な問題であるかは、経験したことのない人にはわからないといわれる。韓国社会では、いまだに性を曝《さら》け出して自由に語る雰囲気はない。夫婦間の性生活に問題が起きても何も語らずに過ごし、そのままセックスレスに陥っていく。韓国性科学研究所によると、韓国内の四〇代半ばの男性の半分が勃起不全を経験したことがあり、不感症を訴える女性が少なくないという。

身体が遠ざかると心も遠ざかる。筆者が知っている五〇代半ばのあるサラリーマンは七年前から妻とは別の部屋を使っている。子どもが夜中に怖いとしょっちゅう起き出したため、妻が子ども部屋で寝るようになったのがきっかけだった。そうしているうちに、夫婦関係を持つ機会が自然と減っていった。子どもと一緒に寝るようになった妻は子どもにだけ気を遣い、夫の要求を面倒くさがるようになった。そんなある日、久しぶりに夫婦関係を持つことになったが、勃起不全で性行為に失敗してしまった。その日から夫婦の間に冷たい空気が流れるようになった。それから夫は夜の営みに自信がなくなり、妻の何気ない一言が自分を無視しているのではないかと思うようになった。次第に妻と疎遠になり、勃起不全はますますひどくなった。性交渉力はもちろん夫婦仲も悪化してしまったため、泌尿器科を訪ねるかどうか真剣に悩んでいるという。

このように、夫婦間での性生活がうまくいかないと、感情までもつれる場合が少なくない。性は私たちにとってそれほど重要なものである。性行為はさまざまな要素が関係して行われるため、一度性機能障害が生じると、その原因を的確に突き止めて治すのは容易ではない。性機能障害は老化によるホルモン分泌の減少だけが関係しているのではない。ストレスなどの心理的要因、配偶者との関係性、職場や家庭環境なども関係している。社会の性に対する価値観にも影響される。飲酒・喫煙などの生活習慣、糖尿病・高血圧・心臓疾患・前立腺ガン・直腸ガンなどの疾患も影響を及ぼす。

規則的に性行為をすれば、七〇~八〇代まで性行為が可能なのに、韓国人男性は四〇~五〇代ですでに性的不能者の道に足を踏み入れてしまう。性の専門家らは高齢期にも性交渉力を維持しながら性欲を満たそうとするならば、中年期から規則正しく性生活をしなければならないと強調する。規則正しい性生活の長所は一つや二つではない。まず睾丸、陰茎などの萎縮と退化を防止して前立腺疾患を予防する。脳を刺激して認知症を予防する効果もある。また、脳からエンドルフィンを分泌させてストレス解消、痛み緩和、免疫力強化などにも役立つ。特に中年期以降の性行為が夫婦間の主導権争いを減らす効果がある場合には、家族団欒も維持できる。

一方、中年期以降の男性が健常な射精をあまりしないと、すべての性器官が退化し、前立腺炎、前立腺肥大などの症状が現れたり悪化したりする。また更年期から高齢期に移行する際に膣が収縮するとともに膣内の分泌液が減る妻の身体の変化を考慮しながら「満足に値する性的な愛」を交わすことを心がけなければ、決定的な性の断絶につながる。中年期以降に男女とも性交渉力が少しずつ落ちる時期を大事にすれば、高齢期でも性生活を楽しむことができる。

中年期以降から高齢期にかけて元気な性生活を維持しようとするならば、身体の健康だけでなく、配偶者との関係、周りの環境整備に至るまで、さまざまな側面において障害が起こらないように努力しなければならない。性行為がうまくできないとか、年をとったと意気消沈したりとかで、性生活を忌避したりする必要はない。夫婦がお互いにとって最高のパートナーになろうと努力すれば、元気な性生活ができるだけでなく、ひいては身体的・精神的健康も維持できる。

### （一）女性の深刻な「空の巣症候群」

中年期以降は社会的に疎外感を感じ始める時期である。まだ社会という舞台の上で演じられるのに、「それだけやっていれば十分だから、もう降りなさい」と、舞台から無理やり降ろされたような気がする時期である。もはや「主役ではない」という現実に、「急に老けてしまったような感覚」を持つようになる。中年は家庭の中でも自分が過去の世代へと押し退《の》けられることを経験する時期である。主婦たちは一〇代の子どもたちの好みに合った服を選びづらくなりながら自分が年をとったことを実感する。これまで自分を必要としていた人たちがもうこれ以上自分を必要としなくなったと感じるときの疎外感はとてつもなく大きい。

「死ぬまで一緒だよ」と誓った結婚式のわずか数年後に離婚してしまう若い夫婦が社会問題になるほど増えているこのごろ、「結婚二五周年」という言葉は今では昔のことになりつつある。子どもを産み、育てて大学などに行かせるための準備をしていたり、子どもが一人暮らしをし、もうすでに自分たちから離れてしまったりした夫婦には、忙しさに紛れて気づかないうちに過ぎてしまった二五年という歳月が目新しい。この時期の主婦が最も多く経験するのが、いわゆる「空の巣症候群」である。子どもたちが大人になって独立すれば、産

み育てた親としての重要な役割が終わり、急にすることがなくなる。そのときにくる虚脱感や喪失感などが空の巣症候群の代表的な症状である。

子どもたちが親元を離れていくときの寂しさは父親もしかりであるが、空の巣症候群は特に母親がひどく病む。これに対して専門家らは、父親に比べて母親のアイデンティティと自負心が子育てとより深くかかわっているからだと言う。父親は以前から子どもたちを独立した人格者として育てるのに慣れているので、空の巣症候群の症状が母親に比べて相対的に少ないと解釈している。韓国において、子どもの結婚式場で父親より母親が涙をたくさん流すのはそのためである。

このように、中年の女性は空の巣症候群で憂鬱になったり意気消沈したりする場合が多いが、家庭問題の専門家らはそのように落ち込む必要はないと助言する。子育ては、経済的にも体力的にも子どもが一〇代のときが最も大変である。結婚二五周年が過ぎたあたりからは、家庭でも職場でもその責任が減り、それまでに貯蓄しておいたお金で第二の人生を始められる幸せな時期でもある。子どもが大学進学や結婚などで自分たちから離れたとはいえ、親子間の関係が完全に断絶されるわけではない。むしろ子どもが離れた後、自分たち夫婦二人だけの家庭を構え、より活気に満ちた新しい人生を始められるようになる。

## (二) 中年は新しい自己実現の段階

近年の平均寿命に照らしてみると、結婚二五周年を迎えた五〇代前後の女性たちには、意味があってやりがいがあり、生産的な三十数年の人生が待っている。『ニュー・パッセージ新たなる航路—人生は四五歳からが面白い—(New Passages : Mapping Your Life Across Time)』(徳間書店、一九九七年)という本を書い

たアメリカ合衆国の作家ゲール・シーヒィ（Gail Sheehy）は、空の巣症候群とともに訪れる第二の人生期を二つの段階に分けて説明している。すなわち、四五〜六五歳は上達の時期、六五歳以降は円熟の時期としている。

彼によると、上達の時期は若いときの経験を土台に自分が引き受けた仕事において、いわゆる「悟りを開く」時期である。その後、円熟の時期に到達すると、自分が成し遂げた課業を振り返りながら次世代に自分の大事な経験を伝えることを楽しむようになる。孫たちと楽しい時間を過ごすおじいさんとおばあさんの姿からそれを見ることができる。

子どもたちが独立して自分たち夫婦から離れたとしても、巣が空いたと思うのではなく、自分の巣が世の中に大きく広がったと思うようにするのがよい。なぜなら、今日の若い世代はより広い世界に出なければならない必要があるからである。また子どもたちは青臭い十代であっても独立した立派な大人であっても、依然として親の支援を必要とするからである。

専門家らは空の巣症候群を克服する方法として、「年をとりながら感じる疎外感は避けることのできない宿命である。その前で屈服するか、乗り越えるかの選択があるのみである。他人の目を意識せず、毅然と自立できる何かを探さなければならない」と助言する。

もう少し具体的に一つずつ考えてみよう。まず、子どもたちが自分たちから離れた後、あり余る空間をどのように活用するかあらかじめ考えておく。子どもたちを早く家から追い出そうとする気配が感じられない程度に、子どもたちが離れた後に残る空席を満たす工夫をするのである。新しい家具を備えたり人に部屋を貸したりするのも空席を補う一つの方法である。また毎日子どもたちに注いできた時間と情熱を注げる新しい仕事を

見つける。新しい仕事は必ず収入を伴う仕事でなくてもよい。地域ボランティアに参加したり生涯教育プログラムに参加したり新しい趣味生活を始めたりする。残された夫婦二人して旅行に出かけるのもよい。もしかして新婚のときの気持ちを味わえるかもしれない。旅先では子どもたちが離れた後の新しい生活について話し合おう。子どもが独立したとしても、自分たちから完全に離れたわけではないということも忘れないようにしたい。韓国では、子どもたちが負担を感じない程度に食べ物や生活用品などを送りながら新しい関係をつくっている人も多い。

一方、残された夫婦は別々に過ごす時間も必要である。一日中くっついていることは避けなければならない。必要以上に一緒にいると必要のない喧嘩が増えるからである。夫婦が話し合うときには、相手の言葉を傾聴する態度を持たなければならない。そうすると葛藤は生じにくい。どうせ話すなら、褒め言葉と感謝の言葉をかけ合い、お互いによい感情を維持していくとよい。

夫婦仲が円満であれば幸いだが、そうでない場合もある。子どもを無事に独立させると、親としての役目をきちんと果たしたという安堵感と満足感がある。しかし、一方では、隠し切れない寂しさが残る。そのときは周りに助けを求めればよい。主治医を訪ねて相談したり、教会や神社や寺に行って安らぎを得たりして、同じ境遇の人と語り合う[10]。誰かと気兼ねなく言葉を交わすことは意外と大きな慰めになる。ペットを飼うことも子どもが離れた寂しさを癒やしてくれる。特に人間との感情の交流に優れている犬や猫と一緒に暮らすと、孤独感や疎外感が消え去るらしい。犬や猫の面倒をみることで暇つぶしもできる。犬や猫を飼うと、心臓病患者の生命が延長されたり自殺率が下がったりするという事実は統計学的にも実証されている。

## 七、老後の幸せは夫婦がともに見つけるもの

「私は十日に一度くらい妻と性行為をしていますが、妻は自分からは誘わないものの、断らずに私の要求に応じてくれます。自分が応じなければ、私が他の女のところに行ってしまうかもしれないと思うからでしょうね。実は、私は浮気をしたこともあるし、軍隊にいるときには性病にかかったこともあります。公園に行けば誘惑してくる女性もいますが、あまり興味がありません。ただそれだけをやることは楽しくないからです」

「私の妻を見ても、年をとれば女性が男性よりもっと早く性的な興味を失うようです。妻は若いときから消極的でしたが、今も嫌がりながらやむを得ず応じてくれます。もちろん女性のなかには年をとっても旺盛な人もいるでしょうが、どうしても男性の性欲のほうがより強くて関心も多いようです」

「高齢者の性生活に関する研究調査」の際に筆者が出会った高齢男性の不満である。「自分たちは性に対する関心が若いときとほとんど変わらず、能力もあるのに、妻が性行為に興味を示さなかったりあまり応じようとしなかったりするので悩んでいる」という。一方、高齢女性は「あからさまな夫の態度」が負担であるという。六八歳のある高齢女性は七一歳の夫と一〇年ほど前から別室を使っている。夫の懇願に負けて承諾しても「いいどころか大変で痛いだけである」と不満を漏らす。

近年、バイアグラのような勃起不全の治療薬のおかげで高齢男性の性交渉力が回復したが、それが高齢女性には少なくない負担を与えている。結局、性行為を自己中心的に考える高齢男性は無愛想な妻にそっぽを向き、他の女性を求めたり離婚して再婚したりする。性行為には相手に対する思いやりが必要である。

ソウルに住む七三歳のある女性は四五歳のときに夫と死別した後ずっと一人で生きてきた。周りからは何度も再婚を勧められたが、子どもたちのこともさることながら、こんな年になってまで男が必要か、と思って断ってきたという。ところが昨年、とある老人福祉館で自分より三つ年上のある男性に出会って恋に落ちた。

「初めて老人福祉館に行ったときから、いろいろとおじいさんに教えてもらいました。背が高く優しかったので一目惚れしました」

二人はデートを楽しみ、夜の関係も持った。女性は性行為そのものよりも、男性の温かい思いやりにより大きな幸福感を感じたという。女性は性行為を通して愛を確認する。性行為そのものよりも、その過程で女性を思いやる男性の態度により感動する。だからこそ、男性がいい加減に性行為をすると女性は寂しい感情を持ち、時間の経過とともに不満が募る。性行為によって夫婦仲が悪くなると、心に傷が残るのである。

男性は男性ホルモンであるテストステロンの分泌が多いので女性より強い性欲を感じる。そこで、男性は女性より頻繁に性行為を求めるが、そのすべてに応じる女性は少ない。一般的に、性行為に興味が少ないのは性ホルモンの影響であるといわれているが、単に性ホルモンだけが要因ではないということを理解しなければならない。性行為には周りの環境が大きな影響を及ぼす。家の中に人がいたり仕事あるいは育児や家事で疲れていたりするなど、さまざまな要因がからんでいる。

加えて、そもそも女性は男性に比べて相対的に性について学ぶ機会が少ない。自分の性器に関する知識が少ないうえ、男性の性器に関しても本やビデオなどで学ぶ機会が少ない。自慰行為についても「男たちがする卑猥な行為」であると認識する女性が多い。したがって、性行為を自然な愛の行為であると思うより、いやらしい淫らであると思う傾向がある。自分は淑《しと》やかな女性であると思う人ほど性に対して消極的になりがちで、

オーガズムにも達しにくい。

その他にも理由がある。韓国の男性たちが「まともな」性行為ができないからである。女性には適切な前戯が必要であり、肉体的な刺激以上に雰囲気が重要である。しかし女性の身体や心理について無知な男性は、自分の感情だけで一方的な性行為をする。そのせいで女性たちが性行為に対して興味を失うようになったのである。

逆に、夫の勃起不全が深刻であれば妻も性行為に対する考え方を変える必要がある。外国ではキスや愛撫も性行為の一部に含まれる。近年、ドイツのケルン大学研究チームが地域住民四四〇〇人を対象に行った調査によると、六〇代の六六・一パーセント、七〇代の四一・五パーセントが持続的に夫婦関係を持っていることが明らかになったが、その調査における「夫婦関係」には抱擁・キス・愛撫などが含まれている。夫婦間の肉体的な相性が合わなくても性行為を諦めてはならない。お互いに率直に自分の感情を表し、回数や程度についての接点を見つける努力をする必要がある。肉体的な接触が増えるほど心の距離も近づく。

歳月の流れをとどめておくことはできない。自分の隣にいる人生の伴侶は、血気旺盛な青年から性的に無気力な夫に、瑞々《みずみず》しかった娘から閉経を迎えた妻に変わってしまった。定年退職や子どもらの問題などのストレスにより、中高年の愛と性が陰に隠れて萎縮してしまうと、あまりにも物悲しい。身体的な変化を理由に性生活を避けるよりは、年齢に合った愛と性の形を探し求め、積極的に楽しむのが賢明である。

## （二）高齢女性は愛と性にも自由を望む

「ごめんね…あなた。私、愛する人ができたの！」

夫ではなく、妻がこのようなことを言ったと想像してみよう。それも、五〇歳の妻が二〇年以上も連れ添った夫に言った言葉である。しかも、妻の愛する人はその家の離れに住んでいる下宿生である。その男は娘の昔の恋人だった二〇代の若くて元気な男である。二〇〇八年四月に封切られた映画『慶祝《けいしゅく》！　私たちの愛』は、このような驚くべき物語の映画である。それも、外国映画ではなく韓国映画である。韓国社会では男女間の「愛ができる年齢」に対する認識が次第に変わり、近年は「年下男シンドローム」が起きていたが、とうとう五〇代の中年の女性と二〇代の青年の恋が映画化されたのである。

『慶祝！　私たちの愛』の大元になったともいえる映画が、数年前に封切られたイギリスの映画『ザ・マザー（The Mother）』である。ロジャー・ミッシェル監督が作ったこの映画は、アメリカ合衆国の『ニューヨークタイムズ』が選定した「二〇〇四年の最高の映画一〇選」に選ばれた映画である。この映画も熟年の愛と性をテーマにしている。六〇代後半の高齢女性と二〇代の若い男性が恋に落ちるという内容である。

この二つの映画は、高齢者と若者の恋を題材にした映画であるが、高齢男性と若い女性の恋を取り上げた既存の多くの映画とは対照的である。『ザ・マザー』の場合、年老いた女性の身体を隠すことなく映し出し、そ

イギリスの映画『ザ・マザー』の一場面

の年老いた身体を愛《め》でる若い男の姿をそのまま描き出している。この映画もやはり主人公である若い男は娘の恋人である。娘の恋人を愛するようになった高齢女性というやや極端な場面設定を除けば、『ザ・マザー』は年老いた高齢女性も胸が苦しくなる熱病のような愛の感情を持てるということを見事に描き出している。『慶祝！　私たちの愛』もやはり年老いた女性の自我探しと愛と性に対する率直な物語である。

女性は男性より平均七年を長く生き、夫婦間の年齢の差を考慮すると通常一〇年以上も一人暮らしをするようになる。したがって、最期まで配偶者と人生をともにしたり異性の友だちと付き合ったりするのは高齢男性より相対的に少ない。また高齢女性は経済力が弱いうえ、離婚に伴った財産分与の際にも不利益を被る場合が多い。さらに、高齢女性の再婚に対する社会的な偏見も根強い。

大田に住む六七歳のある女性は老人福祉館で出会ったある男性と付き合っているが、自分が「女性」だから気兼ねするときが多いと言う。

「あちこちで噂されるので、会うたびに人の目を避けなければならないのです」

特に大きな問題は社会的偏見である。高齢者の性行為を若者たちの性行為と比べて軽視したり「バッカスおばさん」との売春というイメージだけで高齢者の性を片付けてしまう風潮はいただけない。韓国では高齢者の愛と性に対する偏見は高齢女性に対して特に強い。閉経期を過ぎた女性はもはや性的な存在として認識されない傾向にあるが、これも偏見の一つである。

しかし生物学的に見ると、女性の性欲は男性に比べて老化による減退が相対的に小さい。キンゼイ博士は「一生を通して女性が男性より性的な安定性が高い」と主張している。「城南《ソンナム》女性の電話」が六〇歳以上の高齢女性三〇三人を対象に行った「高齢女性の性に対する意識調査」（複数回答）によると、「年をとっても性生活

は必要である」（五一・八パーセント）、「性生活は健康によい影響を及ぼす」（五七・八パーセント）、「配偶者がいなくても性生活をしたい」（二二パーセント）と回答している。これを見る限り、韓国の高齢女性も愛と性に対して前向きな意識を持っていることがわかる。

若者は度を過ぎた性的な行為をしても「醜い」とは言われない。しかし、高齢者が性行為に興味を示すと「淫らな高齢者」だと烙印を押される。外国のある研究事例によると、目の手術を受けた夫が入院することになったが、七一歳の元気な妻がその病院の院長に「もう少し大きなベッドと二人だけで過ごせる部屋を用意してください」と言ったら、医師が妻をまるで「性欲を持った化け物」であるかのような目で見ていたという。

多くの高齢者が愛と性に対する社会的な偏見と現実的な困難を経験しているが、特に韓国では高齢女性に対する偏見が深刻である。韓国では性行為の主導権を男性が握っているうえ、女性に対して、より厳格な節操と規律を求めるからである。高齢女性が概して性行為に対して消極的な態度を見せるのは、高齢女性の誤った性に対する認識もあるが、女性の性は消極的でなければならないという社会的な偏見によるところが大きい。女性たちは世論が一般的に、男性より女性の方に残酷であるということを知っている。女性が「女性はおしとやかでなければならない」という考え方を持っていると、夫が妻を性的に刺激しても妻は避けたりする。

高齢社会では、高齢者の愛と性が堂々と語られ、生活の重要な部分として認識されなければならない。特に高齢者の愛と性を恥ずかしいもの、非道徳的なものとする女性の偏見を見直す必要がある。

## (二)　ともに老いていきましょう、最高の瞬間はまだ訪れていないから

イギリスの医学界では長年、「結婚」と「寿命」の相関関係を調べてきた。その結果によると、既婚男性が未婚男性より平均二年以上も長生きするということである。しかし面白いことに、女性はこれとは逆に、未婚より既婚女性がより早く死ぬという。その理由はこう解釈されている。女性は結婚をすれば夫に気を遣ったり、生活のことや仕事のこと、そして子どもの面倒に至るまで、毎日のようにあまりにもストレスを多く受けるので寿命が短縮される。もちろん、統計はあくまでも一つの統計にすぎないので、夫婦仲がよい場合はこれとは別の結果が出ることもあるだろう。

韓国の夫婦関係においては、ことさら女性に大きな負担がかかっている。夜の夫婦関係も例外ではない。外国の夫婦と違い、韓国ではほぼすべての家事を女性が引き受けている。夫が求めてくると仕方なく応じるだけで、妻は疲れているので何の快感も得られずに夜の営みが終わる場合が少なくない。受け身的な妻の態度に夫も興ざめる。こうなると、お互いの心と身体の相性が合わなくなり、夫婦間の性行為はまるで習慣化されたイベントのごとく変質してしまい、妻は心の中で早く夜の営みを終わらせてほしいと願うようになる。男性にとってはまことに情けなく恥ずかしい限りである。おそろく、このようなことが原因となり、多くの女性が結婚を避けたり離婚したりして一人暮らしをするのかもしれない。

ただし、既婚女性の寿命の短縮はすべてが結婚生活のストレスによるものだけではない。世界で最も裕福な国の一つであるスイスは夫婦仲がよいことでも有名である。この国では老いれば老いるほど夫婦仲がよくなり、いつも同じ布団の中で寝ることを楽しがる。そのおかげか、長寿夫婦が世界で最も多く、八〇歳を過ぎてもお互いに愛撫をしながら性生活を楽しんでいるというのだから実にうらやましい。日本や韓国のように熟年

離婚が増えている国の夫婦は、お互いに愛と性の不信感のなかで生きてきた夫婦が多いため、スイスと異なる結果が出るのかもしれない。しかし今からでも遅くない。夫婦がお互いを信じ、お互いを思いやりながら生きていけば、既婚女性の寿命も長くなるだろう。

近年、性機能障害の治療が男性にだけ集中する傾向があるが、女性も性機能障害を積極的に治療し、一緒に楽しむ夫婦生活を早く取り戻す必要がある。高齢女性は性機能障害以外にも尿失禁など排尿障害がある場合が多く、性生活を避けたりする場合がある。専門医は高齢女性も高齢期の性を前向きに考え、適切な治療を受ければ、一生元気な性生活を享受できると言う。何よりも、夫婦間の率直な性の相談を通した性教育が重要である。

ビートルズのメンバーであったジョン・レノン（John Lennon, 一九四〇～一九八〇年）が作曲した「ともに老いていきましょう（Grow old with me）」という歌は、「最高の瞬間はまだ訪れていないから（The best is yet to be）」という歌詞で有名である。イギリスの詩人ロバート・ブローニング（Robert Browning, 一八一二～一八八九年）の詩に曲をつけたこの歌は、一九九八年のアメリカ合衆国の映画『ウェディング・シンガー（The Wedding Singer）』の主題曲に使われて、もう一度ヒットした。

映画や小説のなかの主人公たちは、愛する人とともに年をとっていき、愛する人のためにあらゆる苦難を乗り越え、死さえも恐れない。美しい青春をともに過ごし、ともに年をとっていく楽しさを歌ったこの歌詞を直訳して吟味してみよう。

## ともに老いていきましょう

私とともに老いていきましょう
最高の瞬間はまだ訪れていないから
私たちだけの時間がくると
私たちは一つのように感じられるでしょう
私たちの愛を祝福してください
私たちの愛を祝福してください

私とともに老いていきましょう
一日が終わるとき
夕日を眺める
一本の木で育つ二本の枝のように
私たちの愛を祝福してください
私たちの愛を祝福してください

私とともに老いていきましょう
どんな運命にぶつかろうとも

最期まで見守ります
私たちの愛は　真《まこと》だから
私たちの愛を祝福してください
私たちの愛を祝福してください

注

（1）赤帝《せきてい》の三女の瑤姫《ようき》という女性であるという説がある。瑤姫は才色を兼ね備えていたが、嫁ぐことなく早世してしまった。死後は巫山の神に封じられ、早朝は雲霞になり、夕方は時雨となって巫山をさまよっていたという。
（2）一九四〇年代にアメリカ合衆国の医師アーノルド・ケーゲルが尿失禁を改善するために提唱したエクササイズである。
（3）「エッチな動画」を意味する韓国語の縮約形である。
（4）日本でいうインターネットカフェである。ちなみに、PCはパーソナルコンピュータの略字である。
（5）日本でいうヒモに近い男性であり、女性をナンパしては金を無心したり性行為を目的として付き合ったりする。
（6）深刻な社会問題となりつつある離婚による家族崩壊を未然に防ぐことを目的とし、二人が一つになるという意味を込めて韓国における「家庭の月」である五月の二一日（夫婦二人で一つ）を「夫婦の日」として、韓国の国会が定めた。現在、祝日の指定に向けて国会で議論中である。日本では一九八八年に（財）余暇開発センター（現（財）日本生産性本部）が、一一月二二日を「いい夫婦の日」と提唱している。
（7）夫婦間の意思疎通、夫婦間の感情表現、夫婦の性などについて専門家らが行う教育プログラムである。このプログラムは教育専門家らが開発したものであるが、現在、韓国の大学心理研究所、社会福祉館、家族相談センターなどで実施されている。
（8）大学が、企業や個人の寄付による基金を活用して研究活動を支援する教授である。
（9）住民登録番号は「住民登録番号制度」によって韓国国民一人ひとりに与えられる番号である。大事な住民登録番号をお互

いに正確にわかっており、お互いを信頼しているという意味である。出生届けの際に住民番号が付与されるが、二〇歳になると氏名、写真、住所、住民登録番号（一三桁）が記載された「住民登録証」が発行される。

(10) 韓国にはキリスト教従であるクリスチャンが人口の約三割を占めているといわれているが、彼らは日曜礼拝等に出かけて互いを慰め合う。また信心深い仏教徒も多いが、頻繁にお寺を訪ねて自分や家族らの安寧を願う。

第四章

# 高齢期再婚と同棲

## 一、配偶者のいない一人暮らし高齢者

洋の東西を問わず、ほとんどの文化圏では男性より女性が長生きする。韓国もやはり女性の寿命が七年ほど長い。そこで、多くの高齢女性が「夫の喪失」、すなわち配偶者との死別を経験する。女性が男性より長生きする理由について研究者の見解はまちまちだが、生理を通じて体内の老廃物を排出するからだという説が有力である。また、赤ちゃんを産む際に胎盤とともに老廃物が排出されて血液が綺麗になるからだともいわれている。

韓国では配偶者がいる六五歳以上の割合は、一九九〇年四七・二パーセント、二〇〇〇年五二パーセント、二〇〇六年五五・四パーセント、二〇〇九年五八パーセントと徐々に増加している。しかしこれを男女別に見てみるとその差は大きい。男性の八五・七パーセントに配偶者が生存しているのに対し、女性は三〇・四パーセ

ントしか配偶者が生存していない。配偶者がいる男女の比率は年齢が高くなるほどその差が大きくなる。すなわち、七五歳以上では男性八〇・四パーセント、女性一八パーセント、八〇歳以上では男性七〇・一パーセント、女性九・五パーセント、八五歳以上では男性五一・七パーセント、女性四パーセントとなっている。

他の国も同様である。アメリカ合衆国の二〇〇五年の統計によると、六五歳以上のうち、配偶者がいない一人暮らしの男性は二二パーセントであるが、一人暮らしの女性は五六パーセントであった。また一人暮らしの人のうち、配偶者との死別を経験した人の割合は女性は約半分であったが、男性は約一〇パーセントにすぎなかった。高齢者人口の構成比で見ると、高齢女性の一人暮らしの比率が高い。したがって、高齢期の再婚に対する実質的な需要層は高齢女性であるといえる。男女を問わず、高齢期の再婚は一人になった高齢者には孤独な世界からの脱出を意味するものであり、忘れてしまった人間関係を回復させてくれるという点で本人にとっては大変重要な意味を持つ。

配偶者のいない高齢者が多いということは、核家族化が進んでいる現代社会のなかで、配偶者の喪失からくる孤独と寂しさの苦痛を経験する人びとがそれだけ多くなっているということを意味する。平均寿命の延長は一人きりの老後の期間を長期化させるが、それによってこの問題はより深刻になると予想される。実際、韓国でも一人暮らし高齢者が急増している。二〇〇七年の六五歳以上の一人暮らし高齢者は八八万人だったが、二〇一〇年には一〇〇万人を超えている。これに伴った「孤独死」の問題も深刻である。孤独死とは、一人で暮らす高齢者が周りから何の援助も受けられないまま死亡し、しばらくたってから発見される死である。一人暮らしの高齢者で孤独死した人は二〇〇九年だけで八万二七四三人に上る。

## (一) 高齢期の最も大きな苦痛は配偶者との死別

京畿道《キョンギ》に住む七〇歳のある男性は、一年前に妻と死別して一人暮らしをしている。同い年であった妻は二年間のガンの闘病生活の末、この世を去った。娘は嫁に行ってしまい、息子は外国に留学中である。妻が闘病中であっても家にいたときはあまり寂しくなかった。妻の看病は大変ではあったが、それでも家に温もりがあった。しかし今は、妻のいない一人きりの家が嫌で嫌で仕方がない。自宅と賃貸マンションを一軒ずつ所有しており、経済的にはあまり不自由していないが、自分でご飯を準備して食べて、ソファに横になって一人きりでテレビを見ていると寂しさが込み上げてきて胸が詰まって涙が出るという。それが嫌でなるべく外に出て友人と一緒に時間を過ごしている。しかし、夜になって家に帰ると、真っ暗な部屋に自分で電気をつけるのがまた耐え難い苦痛となる。

配偶者を亡くした悲しみは、人間が経験する最大のストレスの一つだろう。配偶者が亡くなれば、朝起きて夜寝るまでの自分の周りの状況が一変する。習慣的に現れる言動まで変えなければならない。二人が一緒に座って食べていた朝食を一人で食べなければならない。何かを決めるときには配偶者に聞いてから決めていたが、これからはすべて一人で決めなければならない。

高齢期の夫婦関係は高齢者の心理的・情緒的な安定を図るという意味からして非常に重要である。高齢期に配偶者を失うことは非常に大きなショックとして残る。それによって意欲が低下したり正常な日常生活が困難となったりする場合が多い。一人きりで過ごす期間が長くなると状況はますます悪化する。捨てられたという被害者意識、怒り、自責の念、喪失感などが重なり、うつ病を患ったり認知症の症状が出たり自殺を図ったりするケースも多い。配偶者を亡くした五人のうち四人は悲しみが一年以上続き、残りの一人は悲しみが一生続

くと専門家らは言う。一般的に、一人きりで生活する高齢者の死亡率が高くなる傾向にあるといわれている。

配偶者と死別した人びとは死別の瞬間から一年ほどは過去に比べて活動が減る。この期間は身体的・精神的機能が弱くなって健康に問題が起きる可能性が非常に高い。その後は一人暮らしに徐々に慣れ、さほど大きな問題は起きない。一般的に、配偶者との死別後、一～四年の間に交友関係が最も増加する。その理由は、死別した配偶者の空席を補うための人間関係を持つためである。その後はさまざまな理由で交友関係が徐々に減っていくが、その代表的理由が健康と経済力の悪化である。

一般的に、配偶者の死亡による健康問題は年齢が若いほど心理的問題が、年をとるほど身体的問題が目立つ。配偶者の死亡による悲しみやショック、心身の健康問題などは配偶者の死が急であったか、病気を病んでいてある程度は予測できていたかによっても異なる。

配偶者の死は、危険から守ってくれる信頼できる者、自分の価値を認めてくれる者、パートナー、経済的な支援者、遊び相手などの喪失であり、地位や期待、自己確信、職業、家庭などの喪失をも意味する。配偶者の死亡により、配偶者によって維持されていたそれまでの人間関係や社会的な関係が狭まったり断絶したりし、孤立感を経験する。

配偶者との死別による深刻な問題の一つは、公認された愛と性のパートナーがいなくなったということである。愛と性のパートナーがいなくなったことによって性生活が中断され、性的な欲求を解消できる道が遮断されてしまう。性的な行為が不足すると、それだけ老化が早まり、自分が生きているという感覚を喪失する場合がある。配偶者を失うと、一人残された配偶者はそのショックから長い間、あるいは完全に性行為から遠ざかり、リビドー（libido）(1)のはけ口を見つけるのに、配偶者のいる人びとに比べてより大きな困難に直面する。

異性との接触がなくなるにつれ、愛と性に対する興味をなくしたり、情事を試みても性行為ができない頻度が多くなる。

社会も高齢者の性的な行為を恥ずかしいもの、滑稽なものであるとみてしまう。「お金で買う愛と性」もしかりである。一部の高齢者はそのような形での性行為に対して嫌悪感を持ち、自ら性行為を諦めたり自慰行為で性欲を解消したりする。配偶者と死別した後、禁欲的な生活をするか、性生活をするかの選択は、激しい性的衝動とそれに対する抵抗感の間での葛藤などによって決まる場合がある。

## (二) 配偶者との死別後、男性と女性とでは異なる

韓国の女性の平均寿命は男性より七歳も長いため、女性は男性より配偶者との死別を相対的に早く経験し、一人で生きていく期間が長い。アメリカ合衆国の女性は平均五六歳で夫と死別し、二〇〜三〇年間の老後を一人きりで過ごすという。

配偶者との死別によって一人きりになる可能性は男性より女性のほうが高いが、死別後の高齢女性の新しい生活への適応力は年齢によって異なる。すなわち、夫と死別したときの女性の年齢が若いほど死別による痛みを強く感じるが、時間がたてば年齢が高い女性よりも早く再婚をするなど新しい生活への適応は早い。とはいえ、夫を亡くして一人きりで生きていく女性たちの再婚は、単に年齢が若いからといってすぐにできるようなものではない。一人になった女性の特性について専門家らは次のように言う。

第一に、社会的に完全に孤立した生活をする。彼女らは夫と死別後、過去の関係を完全に断ち切って生きるが、社会との断絶の主な原因は経済力の不足である。例えば、夫が大企業の幹部だった女性は夫婦連れの集ま

りに出かけて夫の仲間や彼らの妻たちと交流を図っていたが、夫の死別後はそういう集まりに出なくなるのが一般的である。

第二に、夫が生きていたときの生活環境をほとんど変えずに生活する。このタイプの女性は伝統社会の規範に従って生きてきた女性たちであり、夫との死別後も引き続き姑や舅と一緒に生活する。

第三に、新しい生活に適応するために自らを変えながら生きていく。彼女らは夫と一緒に生活していたときとは異なる人間関係を築いたり社会活動をしたりして新しい人生を切り拓いていく。このタイプの女性が再婚を選択する可能性が最も高い。

一人きりになったとき、男性は女性に比べて情緒的な適応が遅い。結婚生活をしている高齢者に「自分にとって情緒的に最も親密な人は誰か」と尋ねると、「配偶者」と躊躇《ちゅうちょ》せずに答える割合は、女性より男性のほうがはるかに高い。すなわち、男性は配偶者との関係をより重要視するが、女性は配偶者である夫より友人との情緒的な人間関係をより緊密に形成する。このため、配偶者を喪失したとき、男性は女性より情緒的な面での適応がいっそう困難である。

配偶者の死亡に伴って生じる高齢期のさまざまな問題には、中年期以降から準備しなければならない。配偶者との死別を準備するのはもちろんのこと、自分の死とその後についても配偶者とよく話し合う必要がある。自分が亡くなった後の経済的な問題、周りの人間関係などについて率直に話し合わなければならない。必要があれば遺言を残し、自分の意思を明確に伝えておく必要がある。

人間関係において配偶者の死別のような喪失は避けがたい出来事である。したがって、配偶者と一緒に長く生きる方法を模索しなければならない。その方法の一つが結婚年齢の調整である。一般的に男性が女性より

三～六歳ほど年上の状態で結婚するが、男女がほぼ同じ年齢、または女性が男性より年上の状態で結婚した場合、老後を一人で生きていく女性の割合がより低くなる。

いずれにしても、女性は中年を迎える時期から夫との死別後の生活をどうするかについて心の準備をしながら生きていく必要がある。例えば、配偶者と死別した男女の高齢者の集まりに積極的に参加し、彼らとの時間を共有しようと努力すれば、実際に死別を経験した際に役立つ。同時に、自分が意図しないガンなどの不治の病で夫より先に死を迎えなければならない状況に直面したとしても冷静に対応できる場合もある。

## 二、一〇人の孝行者より悪妻がよい

イギリスの映画『日の名残り（The Remains of the Day）』（一九九三年）が恋心を抑えなければならなかった高齢者の話なら、二〇〇三年に公開されたアメリカ合衆国の映画『恋愛適齢期（Something's Gotta Give）』は若者に負けずとも劣らない高齢者の爽やかなラブストーリーである。ジャック・ニコルソンが熱演した六三歳のハリー・サンボーンは、三〇歳未満の若い女性だけを恋愛対象とする独身主義者のプレイボーイである。彼はダイアン・キートンが演じた一度の結婚経験のある五四歳の独身女性である人気劇作家エリカ・バリーの娘マリンと付き合っている。ある時、彼はマリンと一緒に休暇を過ごすためにエリカが所有する別荘に行ったが、そこで心臓発作で倒れる。彼はエリカに付き添われて病院に運ばれるが、そこでエリカはキアヌ・リーブス演じる若くて恰好よい医師に告白される。

「男たちだけが若い女の子と付き合えるという権利があるのではない。女だって若い男が好きである」というふうにストーリーが展開されるなか、ハリーとエリカの対立は激しさを増していく。その過程でお互いに惹かれ合った二人は、結局、若い恋人を捨てて恋に落ちる。

この映画に出てくるエリカの台詞に説得力がある。エリカはハリーに対し「あなたに一夫一妻制を強要するつもりはない。ただ、愛を分け合い、一緒に寝て一緒に起きる人でいてくれることを望む」と言う。つまり、愛と性を口実に相手に多くのことを要求するのではなく、自分自身の欲望を充足するというのである。この映画は、高齢者こそがフリーな性行為を謳歌できる条件を完璧に備えた愛と性の化身であるということを見事に描いた映画である。

それでは、韓国の一人暮らしの高齢者はどうだろうか。この映画のように自分の欲望に従ってフリーな性行為を楽しむ愛と性の化身となるには、現実にはまだほど遠い。フリーな性行為どころか、デートさえろくにできないのが実情である。

アメリカ合衆国の映画『恋愛適齢期』の一場面

## （二）家族も慰めにはならない一人きりの孤独

「三年前に妻と死別した後、息子夫婦と一緒に暮らしています。嫁と一日中顔を見合わせているのも何だか居心地が悪いので、家の近くの公園に出かけたり友だちに会ったりと、なるべく外出するようにしています。家に帰ると出迎えてくれる孫たちがいますが、ドアを開けて自分の部屋に入ると妻がいないので、寂しさが波のように押し寄せてきます」（七〇歳男性）

「六年前に夫と死別して二男の家に住んでいます。娘や婿もよく訪ねて来てくれるし、娘夫婦から頼まれるとたまに孫の面倒もみてあげています。時間があるときは家の近くの敬老堂にも出かけていますが、ある日、そこで知り合った私の同年代のある女性のご主人が私たちにお昼をご馳走してくれました。ご主人がいることがどれだけうらやましかったかわかりません。夫のいない寂しさが身に沁みました」（六六歳女性）

「手塩にかけて育てたのに、子どもらは自分たちの生活で忙しいようで私のことなんか気にもとめてくれません。子どもたちは親孝行すると言っていますが、私の心は満たされません。昔の言葉に、一〇人の親孝行者より悪妻がマシだという言葉がありますが、そのとおりだと思います。若者は私に『もう年なんだからわがまま言わないで静かに生きてよ』と言うかもしれませんが、私も人間ですから寂しいのは皆と一緒です」（七〇歳男性）

「いくら春うららかな日でも一人で花見をしていると、春の日ではなく落ち葉が舞い散る秋の日のようです。秋が過ぎ、寒い冬になると人恋しく物悲しいです。若者も年寄りも異性に対する感情は皆同じではないでしょうか」（六八歳女性）

「いくら息子嫁がよくしてくれても死んだ妻のほうがいいです。妻が生きていたときに私にしてくれたこと

と嫁がしてくれていることは天と地の差です」（七一歳男性）

以上は、筆者が敬老堂で会った、配偶者と死別した人の嘆きである。彼らは「いくら美味しい物を食べても、面白いテレビ番組を見ても、子どもがよくしてくれても、友人が多くても、孫が可愛く茶目っ気を見せても空しい心は満たされない」と言う。一人きりになった高齢者の骨に沁み入る孤独感である。

高齢者は自分が過去にやってきたことを誇らしげに繰り返し繰り返し他人に自慢するのが好きである。しかし、子どもや孫たちは同じ話を二度も三度も聞きたがらない。それに、自分たちの仕事で忙しく、年老いた親や祖父母の生活には無関心である場合が多い。家族のこのような態度は、高齢者の孤独、疎外感、怒りを増幅させる。高齢者は自分の話を聞いてくれたり、自分に関心を示してくれたり、自分に頼ってくれたりする誰かをほしがる。人間は社会的動物であるため、考え方と心の通じる相手が必要である。だから、配偶者のいない高齢者は孤独に陥りやすい。高齢者が感じる孤独感は、孤独や孤立自体よりも強い情緒的な人間関係の断絶がより密接に関係している。

## （二）　一人暮らし高齢者の良い薬は再婚

このような問題を解決するための一つの方法が再婚である。もちろん、高齢者の再婚問題は当事者やその家族の立場によって見解が異なるだろう。しかし、昔のことわざに「本物の嫁は舅に女性を探してあげることである」とか「いくら名高い親孝行者であっても悪妻よりは劣る」という言葉もある。

一人きりになった高齢者は寂しいから自ずと異性との付き合いに関心を寄せる。特に高齢男性の再婚に対する関心は非常に高くなる場合がある。妻にほぼ全面的に依存して生きてきたため、配偶者がいなくなると、女

性に比べて相対的に不便を強く感じるからである。それで、条件さえ調えば一日も早く再婚をしようとする場合がある。今の時代でも韓国では、配偶者と死別すると女性は「三回忌が過ぎてから」再婚をしなければならないとされる。ところが一部の男性たちは、「妻の墓にまだ草も生えないうちに」再婚をしたがる。

七〇代半ばのある知人も急に妻を亡くした。四〇年以上もおしどり夫婦として暮らしてきた人だったので、周りの人びとは死別のショックが長続きするだろうと思っていた。ところが、死別から半年もたたないうちに「こぢんまりとした家族会を開くので参加してほしい」との招待を受けた。行ってみたら、なんと彼の再婚式だった。びっくりする筆者に彼は照れくさそうに言った。

「少し急で恥ずかしいけど、妻が亡くなってから生きていても生きた心地がしなかったんだ。寂しさに耐えられなくてね。一人で生きるのはそう簡単ではないよ」

再婚した彼は死別した妻と過ごしてきたように、新しい妻ともとても仲よく暮らしている。

高齢者が熟年再婚を願う最大の理由は寂しさからである。子どもらが小遣いをたくさんくれたりご馳走をしてくれたりと、ありとあらゆる親孝行をしても心の寂しさまでは慰めることはできない。筆者が出会った一人暮らしのある高齢者から次のような寓話を聞いた。老後の生活において配偶者がいかに大切な存在であるかを強調した話である。

「昔、ある村に親孝行夫婦がいるという噂を聞きつけた村長が彼らを呼んで〝一人になった父親を再婚させたか〟と尋ねたって。彼らは〝いいえ〟と答えたそうよ。すると、村長は〝他の親孝行はすべてしたのに、どうしてそれはしないのか〟と言いながら〝それが最高の親孝行なのだ〟と言ったとさ」

誰もが老いるという事実を考えれば、高齢者の「話せない寂しさ」は私たち自身の問題であるかもしれな

い。高齢者の愛と性は「醜態」や「逸脱」ではない。高齢期を「疎外の時期」ではなく、「余生を楽しめる成熟した時期」として準備できるように、いつか高齢者になるであろう社会の構成員の全員が高齢期の愛と性、そしてその寂しさと不安を正しく認識する必要がある。

## (三)　高齢化によりいっそう増大した再婚の必要性

周りの環境のために再婚を望まない高齢者も再婚の必要性は認めている。特に病気をしたときに看病や介護してくれる人がいなかったり、家族がいても強い疎外感を感じたりするときには、パートナーを渇望する場合が多い。また性的欲求を堂々と解消したいという高齢者もいる。愛と性を求める高齢者は増える一方だが、いまだに高齢者の愛と性を「醜い」とする傾向が強い。あげくのはてには「認知症」の症状であると卑下する。周りの視線が冷たいだけに、高齢者の愛と性に対する渇望はいっそう切ない。

夫婦がともに長生きすれば性的欲求は解消できるが、そうではない場合は事情が異なる。近年、韓国統計庁が発表した人口統計によると、二〇〇七年の韓国の六五歳以上の高齢者人口は全人口の九・五パーセントの四五九万人である。このうち四八パーセントが配偶者のいない一人暮らし高齢者である。彼らが夫婦のような愛と性のある生活をするためには再婚や異性の友だちと付き合う以外に方法がない。

近年、シルバータウンや高齢者福祉施設などで共同生活をする人が増加している。また老人大学などで自然に異性に接する機会が増えており、高齢者の異性との付き合いも活発になっている。「大田老人の電話」によると、二〇〇六年一年間で再婚や異性との付き合いに関する相談が全体の四七パーセントに達したという事実は驚くべきことではない。電話をかけてくる年齢層も男性は八〇代、女性は七〇代まで上昇している。という

ことで、韓国でも高齢期の再婚問題を真剣に議論しなければならない状況になってきている。専門家らはその理由を次のように言う。

◆熟年再婚の必要性◆

□一人になった高齢者の余生は短くはない。
□子どもたちと離れて暮らす高齢夫婦が増えており、配偶者を亡くした後も独立した生活を望む高齢者が増えつつある。
□高齢者にも性的欲求があり、もはや性の問題は秘め事ではない。
□近年、若い世代が自分たちだけの核家族を持ちたがり、世代間の交流が希薄になりつつあるなか、高齢者にも話し相手が必要である。
□独立して暮らしていける経済力を持った高齢者が次第に増えている。再婚は人生の幅を広げてくれるだけでなく、二人が一緒に暮らすことで生活の質（ＱＯＬ）が上がる。
□医学の発展によって高齢者は心身の健康状態を良好に保持できるようになってきている。例えば、生活習慣病予防と治療法が向上しているし、バイアグラまで出る世の中になっている。
□高齢者の再婚を醜態と見ていた韓国社会にも変化の風が吹き、高齢者が手をつないで街を歩く姿を変だと思う人びとが徐々に減っている。

平均寿命の延長は配偶者と死別したり離婚したりした後、一人で過ごさなければならない期間が長くなったということを意味する。高齢期は仕事や子どもの教育の義務から解放され、人生のなかで比較的余裕のある時期であるだけに、趣味と生活を一緒にするパートナーの存在が切実に必要な時期でもある。老後を子どもらに

頼っていた従来と違い、核家族化によって自ら独立した生活をしなければならない状況になったことも再婚を望む理由の一つである。

高齢者の心理的特性の一つは依存性が大きくなるということである。親としての役割、職場での役割が縮小または変化したことに伴って社会との関係が断絶しただけでなく、身体的・精神的な健康が下降曲線を描く高齢者は、家庭の中で夫婦がお互いに頼って生きるという依存性がより大きくなる。このような状況下で配偶者が死亡すると、心の拠《よ》り所をなくし、孤独感がなおいっそう大きくなる。そこで、同じ時代を生きてきた他の高齢者に頼ろうとする思いが強くなり、異性との付き合いや熟年再婚を望むようになる。

年をとって身体の調子が悪くなったときに面倒を見てくれる配偶者がいるかいないかは天と地の差である。配偶者がいればより健康になり、社会活動も活発にできる。老後の生活においても配偶者は最も身近な話し相手であり、何か必要なときは最も気兼ねなく頼める相手である。

以上のようなことは、韓国社会において高齢期の再婚が一般化される必要があるということを気付かせてくれる。人間は自分自身に対する認識や評価によって行動も変わる。高齢者自身が自分の異性に対する関心や性的な欲求に対して前向きだったり満足であるという認識や評価をしたりすると、高齢者の行動もより積極的になれる。また平均寿命の延長に伴った社会的変化に合わせる形で韓国社会が高齢者の生活に対する支援を強化すると、高齢者ももう少し自信を持って自分たちの身体的・精神的な挫折を乗り越え、より活発で満足のいく生活を楽しむことができる。

## （四）孤独な日本の高齢者の友「便利屋」

右近勝吉さん（一九四〇年〜）は東京に住んでいるある高齢者から電話を受けた一〇年前のことを鮮明に覚えている。右近さんは日本サービス協会会長であるが、便利屋の「右近サービス社」の創業者でもある。一〇数年前、「便利屋」の従業員だった右近さんは、引っ越し、ペットの世話、ゴミ出し、不用品の回収、家の片付け、ハウスクリーニングなど、ありとあらゆる仕事をしていた。そんなある日、七〇代の女性から仕事の依頼が入った。玄関先で彼を出迎えたその女性は自分と夕食を一緒にしてくれないかと言ってきた。

その女性はほとんど休まず一時間以上も話をした。今までの人生のなかで後悔したこと、自分がどうして息子の家から出るようになったのかなど、ほとんど自分自身の身の上話だった。約束の一時間が過ぎて右近さんが帰ろうとすると、女性は自分の話を聞いてくれた謝礼だと言って高額のお金を差し出した。右近さんは吃《びっ》驚《くり》仰天した。

右近さんがこのことをいまだに覚えているのは、単にその金額が大きかったからだけではない。彼はそのとき初めて自分の仕事が単なるお手伝いではないということに気付いたのである。二〇世紀後半、韓国人と同様に日本人は仕事しか知らない仕事の虫だった。しかし、今や仕事ができない年齢になった彼らから孤独を訴える悲鳴が上がっている。日本では現在、孤独を慰めてもらうために便利屋を訪ねる高齢者が増えつつあるという（ニューズウィークアジア版、二〇〇二年一〇月号）。

日本には全国各地に便利屋が存在する。彼らの仕事の主な依頼主は高齢者であるが、最近は高齢者に限らず、若者から人生相談役や話友だちの依頼も増えているようである。寂しい高齢者は便利屋に頼って最低限の人間関係を維持する。親たちはイジメに遭ったりうつ状態になった自分の子どものために便利屋を呼ぶ。日本ではいま

だに精神的な問題を恥ずかしく思う傾向がある。そこで、医師の代わりに便利屋に頼る人びとがいるのである。

日本では、人口の少子高齢化とともに家族を重視する伝統的な儒教的価値観が弱体化したと社会学の研究者らは言う。一九八〇年代前半までは長男が年老いた親の面倒を見て先祖のお墓を守るのを当然とする価値観があった。しかし、近年は親の面倒を見たり先祖に仕えたりすることにそっぽを向く子どもらが増えている。そこで、便利屋が子どもの代わりに一緒にお墓参りをしたり草むしりをしたりする。あるときは病院に連れて行ったりもする。東京のある便利屋は認知症で入院した高齢者を訪問して、彼の息子のふりをしてあげたりしている。

このように日本の便利屋は孤独な人びとの話友だちになっている。韓国でいう高齢者ドウミ(2)とはまったく異なる。日本の便利屋はお金さえ払えば恋人にもなってくれるし、親にもなってくれる一種の「代行コンパニオン」ともいえるだろうか。もしかすると、韓国でも熟年再婚に対する切実な欲求が解消されなければ、寂しい高齢者の夫や妻役をしてくれる「配偶者便利屋」が登場するかもしれない。

## 三、熟年再婚は「準備された結婚」

再婚はもはや三〇～四〇代だけの話ではない。韓国統計庁の「二〇〇七年高齢者統計」によると、二〇〇六年の六五歳以上の高齢者の再婚は、男性の立場からすると一七六一件、女性の立場からすると五〇九件に上り、一〇年前に比べてそれぞれ一・九倍、三倍も増加した。このように、高齢期に第二の新婚を夢見て新しい伴侶

を見つけている人が増えている。周りの冷ややかな視線にもめげず、「自分の人生は自分で決める」と言って再婚を選択する人びとが増えているのである。

「大田老人の電話」が二〇〇六年一〇月に「一人暮らし高齢者の集い」に定期的に参加している六五歳以上の一人暮らしの高齢者三〇人を対象に個別に面接した結果、九一パーセントが異性との付き合いを望んでおり、そのうち六〇パーセントは異性との付き合いだけでなく、できれば再婚までしたいと思っていることがわかった。実際に、五〇代以降の一人暮らしの中高年者に会って話を聞いてみると、結婚や同居を前提とした異性との付き合いを望む場合が少なくない。

近年、韓国社会の欧米化・開放化に伴った価値観の変化により、過去に比べて高齢者自身が熟年再婚に対して前向きに考えて積極的に行動する傾向にある。社会団体、老人総合福祉館、老人大学などの多くの機関でも再婚のためのイベントを開催し、異性との付き合いの場を増やしているが、異性との間に人間関係をつくるきっかけになっているだけでなく、再婚を促進する役割も果たしている。

高齢者福祉施設で男女が共同生活をしていると、三角関係が生じたり高齢男性が高齢女性の部屋に忍び込んだりするという事件も生じたりする。これは欧米だけでなく、韓国の高齢者福祉施設でも頻繁に発生していることである。これには深い意味が込められている。人間は誰しも生まれたときから誰かと一緒に育ち、働き、生活をしながら年をとっていく。人間は誰かと一緒に生きていこうとする特性を持っているのに、年をとったという理由だけで男女が別々の空間で生きなければならないというのは理不尽である。誰かと一緒にいたいという欲求は高齢者だって同じである。高齢者になっても異性に対する関心や異性と付き合いたいという欲求がなくなるわけではない。むしろ孤独な高齢者だからこそ、ともに過ごせるパートナーがより切実に必要とな

る。

このような異性に対する切実な欲求もあるが、その他の理由からも熟年再婚は「準備ができている結婚」であるといえる。若い時の初婚と異なり、高齢期には経済的・社会的状況が安定している。また最初の結婚生活を通して蓄積したノウハウに基づき、結婚生活からくる葛藤などを賢く乗り越えられるという点では熟年再婚が初婚より有利である。

## (一)　熟年再婚を選択するさまざまな理由

「老いるほど配偶者がいなければならない」という言葉がある。一人暮らしの高齢者が再婚する理由は、お互いに頼り合い、支え合いながら孤独感と寂しさをなくすためである。しかし、実際に配偶者を亡くした高齢者が再婚する目的は他にもある。一般的に人びとが結婚する理由は、性的満足、情緒的安定、子どもほしさ、経済的安定、社会的地位などの個人的欲求を得るだけでなく、社会構成員の充足、社会的連帯感の増大という社会的欲求を満たせると信じられているからである。しかし、高齢者に限らず死別や離婚によって一人きりになった人びとは主に次のような理由で再婚を望んでいる。

◆再婚を望む理由◆

- □ 結婚の経験者として愛と性を分け合う人が必要だから。
- □ 男性は子どもの教育と衣食住の準備など日常生活に女性が必要だから。
- □ 女性は子どもの教育と経済的な安定を図るため。
- □ 子どものいない男女は一人暮らしに対する精神的な不安を解消するため。

□親、兄弟、姉妹、友人からの再婚の圧力のため。
□社交的な儀礼、面子を維持するのに必要だから。
□一人だと、心の苦悩を打ち明けられる相手がいないことによる焦燥感や精神的な衝動をなくすことができないから。

したがって、伴侶がいなくて寂しく一人きりで日々を過ごす高齢者の再婚は、社会的にも歓迎されることが望ましい。韓国では高齢者の再婚に対し、よく「性的パートナー」を求めるためであるということだけを強調し、性的な生活を変な目で見る傾向がある。一部の人びとは、高齢者は性交渉力が減退しているので、高齢者の再婚はただ日常生活を一緒に過ごす伴侶を見つけるのにすぎないと思っている。しかし、健康状態が良ければ高齢になっても性欲があり、性行為を十分に果たせる。また性交渉力が少し落ちた場合でも、薬や他の補助的な手段を使えば十分に性生活を享受できる。そのために、高齢期の再婚に際しての性的な生活を無視できないであろう。

面白いことに、北朝鮮でも熟年再婚が話題になっている。日本で発行されている『朝鮮新報』は、二〇〇六年一二月に北朝鮮の江原《カンウォン》道人民委員会が運営している高齢者福祉施設でたびたび熟年再婚が行われていると伝えている。江原道文川《ムンチョン》市南昌《ナムチャン》里のとある施設では入居者一四八人のうち一四組が夫婦として生活しているという。施設に入居した後、「お互いに目が合って」再婚した人たちである。施設側が彼らのために結婚式まで用意してくれたというのだから、韓国側からしてみればうらやましくて仕方がないであろう。韓国ではまだこのようなニュースを聞いたことがないからである。

## （二）熟年再婚、これでよい

欧米社会では熟年再婚が高齢者福祉の一つとして推奨されたりする。かなり以前から年金制度が発達しており、高齢者が再婚して夫婦の年金を合わせると経済的な面でより潤沢な生活ができるということも影響が大きい。したがって、欧米などでは熟年再婚が活発である。国際連合（ＵＮ）の『World Population Prospects（世界の人口推計）』（二〇〇七年）によると、熟年再婚率は男性の再婚を基準にした場合、イギリスは韓国の四・三倍、スウェーデンは三・九倍、カナダは三・七倍である。女性を基準にした場合もイギリスは四・九倍、ロシアは四・五倍と、韓国よりはるかに高い。

熟年再婚は経済的な利点の他にも、高齢者の健康を維持して病気を予防するのに効果が大きい。高齢者は配偶者を亡くすと強いショックを受け、悲観して落ち込む。それまで配偶者から得ていた温かさや愛と性を受けられなくなり、孤独に陥る。そのことによって精神的・心理的な苦痛を受け、免疫機能が弱まり、全身の新陳代謝が悪くなる場合がある。再婚した高齢者と一人暮らしの高齢者を比較した研究によると、再婚した高齢者が一人暮らし高齢者よりはるかに元気に生活をしており、欧米では子どもも高齢者の再婚に対して前向きな立場を取っていることが明らかになっている。また再婚した高齢者は一人暮らし高齢者より「生活の質（ＱＯＬ）」が高く、寂しさを感じる程度が低いこともわかった。

高齢者の性生活や結婚生活の効用は大きい。生活の質（ＱＯＬ）を保持するためには、①家族や配偶者の愛情、②心身の健康、③経済的安定、④話し相手、⑤趣味や仕事、⑥社会参加、⑦快適な住宅、⑧適当な性的満足などが満たされる必要がある。高齢者の性生活や再婚は、以上のような条件をかなり満足させてくれる要素の一つである。

特別な場合を除き、人間は誰もが家族と一緒に家庭を持って生きていくのが理想である。特に身体的に衰えて精神的に孤独になりやすい高齢者にとって家庭は重要である。また家族関係において最も重要な人は配偶者である。寂しく生きている老父母、特に一人きりの老後を過ごしている老父母のことを考えてみよう。彼らが本当に望んでいることは何か。異性がほしいと思いながらも子どもに恥ずかしい、あるいは周りから許されなくて自分の気持ちを殺して寂しく生きているのではないだろうかと。

## 四、熟年再婚を望むが迷う

ソウルに住む七〇歳のある男性と六七歳のある女性は三年ほど前からまるで夫婦のような付き合いをしているが、いまだに正式な結婚はしていない。女性が一緒に住んでいる息子夫婦に男性との関係を言い出せないからである。女性はほぼ毎日、一人暮らしをしている男性の家に行ってご飯を作って一緒に食事をし、そこで日中の時間を過ごして夕方になると息子夫婦の家に戻ってくるという生活を繰り返している。このようなもどかしい付き合いをやめ、男性の家で一緒に暮らしてしまおうかとも思ったが、子どもたちが反対するのではないかと思い悩んでいる。

このように、高齢者の再婚にはいまだに厳しい現実がある。離婚の増加とともに再婚率も自ずと上がっている。にもかかわらず、一人暮らしの高齢者が異性の友だちと付き合うと言い出すと、子どもたちさえ恥さらしだと反対する。そのため、高齢者の「結婚のやり直し」はそう簡単な話ではない。

五年前に夫と死別した六七歳のある女性は一年ほど前に息子の反対を押し切って七一歳のある男性と結婚した。しかし、心ない息子の言葉に心が傷ついた。戸籍を移す前に息子の家を訪ねたが、「こっ恥ずかしいからもう二度と来るな！」と家に入れてもらえなかったのである。

配偶者と死別して異性との付き合いを望む高齢者の多くは、実際に異性との付き合いに成功する場合はあまり多くない。熟年再婚は異性との付き合いよりももっと難しい。おまけに、特に韓国社会では熟年再婚は不適切な行為であると捉えられがちであり、世間体を気にして再婚をためらう。したがって、当事者である高齢者自身が再婚を願っていても「そんなに簡単なことではないはずだ」と思い、自らの再婚を諦める。

特に韓国の高齢女性の再婚には子どもたちの態度と周りの視線が足かせになる。子どもたちは母親が再婚することを「父親に対する愛情の忘却」だと思い、感情的に理解できない場合が多い。母親の行為が故人になった父親に対する侮辱であると感じるからである。社会的にも「女性は二人の夫に仕えない」という封建的な儒教思想の影響が韓国社会には依然として存在することもあり、高齢女性は自分の名誉が傷つくのを恐れて再婚を諦める。また自分に対する子どもの感情と態度が変わるのではないかという心配から、再婚しようとする考えを捨ててしまう。

### （一）子どもの顔色と周りの視線が大きな障害物

再婚をする高齢女性は確実に増えている。しかし、いまだに子どもに対する気遣いと周りの視線は再婚をためらわせる大きな障壁となっている。「老いぼれが恋愛だなんて」という噂が流れるのを恐れて、息子や娘はもちろん、親戚、友人までもが「恥さらし」だと反対する。

七〇代のある高齢男性の経験談である。彼は数か月前にある女性と知り合って付き合い始めた。ある日、公園のベンチに座っていたら六〇代のある女性が横に座った。二人はしばらく世間話や身の上話を交わした。四二歳のときに夫に先立たれ、今まで一人で生きてきたというその女性は、「夫を亡くしてから誰とも付き合ったことがなかった。できればお兄さんとして付き合ってほしい」と言ってきた。それから二人は付き合うようになったが、ある日、男性はその女性にそれとなく尋ねた。

「こうやって付き合っていると、私も異性ですからあなたの身体を触ったり一緒に寝たいと言うかもしれません。そのときは応じてくれませんか」

すると、その高齢女性から「私はカトリック教徒なのでそれはできません」という答えが返ってきたという。結局、二人は気まずくなって別れてしまった。

その女性は、男性の性に比べて特に女性の性を拘束する韓国社会の固定観念と宗教の問題から自由になれなかったのである。その高齢女性だってまったく性欲がなかったわけではあるまい。表面上では宗教的なことを理由にしたが、本当の理由は女性の愛と性に対する韓国社会の固定観念もあると思われる。たとえ年をとってもあくまで女性は女性であるので、むやみに身体を許すことはできない。肉体的な関係でも持とうとするなら、もう少し真剣な付き合いをしてからになるが、そのときには子どもらの顔色や周りの視線を意識しなければならないため、その前に関係が深まるのを諦めてしまう。

子どもたちが親の再婚を反対する理由は、世間体だけでなく、先に亡くなった父または母に対する思いを大切にしているためであるが、他にも理由がある。それは遺産相続の問題である。経済力のある親が再婚をする場合、必ずといってよいほど、遺産問題が出てくる。正式に結婚した場合は婚姻期間にかかわらず、配偶者に

は財産の半分が相続される。当然ながら子どもたちは「自分の親が築いてきた貴重な財産を赤の他人に横取りされた」という思いをすることになる。例えば、経済力のある男性が再婚した女性より先に亡くなると、その再婚相手と前妻の子どもたちとの間で遺産相続の問題をめぐって葛藤が生じやすい。

子どもたちからすれば、親の再婚は面倒をみる必要のある親が二人になるということを意味する。経済的負担が増えるだけでなく、新しい親と新しい家族関係をつくらなければならないという心理的負担が増える。新しい親に子どもでもいれば問題はより複雑になる。だからこそ、子どもたちは親の再婚を快く思わないのである。

数年前に結婚した四〇歳のあるサラリーマンは、今の妻とはその母（義母）の紹介で付き合うようになってゴールインした。ところが、二人が結婚式を挙げた直後、五〇代後半の義父と義母が離婚をしてしまったのである。性格の違いが離婚の理由であったようが、それから二年後、義父はある女性と再婚をした。このため、お正月やお盆になると、彼は妻の実家を「二度」も訪ねることになった。つまり、義父と新しい義母が住む家と、離婚して一人きりで生活している義父の前妻である義母が住む家に挨拶に行くのである。忙しいサラリーマンにとっては大きな負担である。それでも自分の妻の立場があるので、どちらとも疎かにできない。

筆者が観察したところによると、高齢者の再婚において高齢男性は主に自分所有の住宅に対する相続問題で子どもたちの反対に遭う。一方、高齢女性については子どもたちが世間体を気にするために反対する場合が多く、再婚したが、さまざまな理由で婚姻届を出さなかった場合には、不利益を被ることもある。事実婚のカップルが別れると、相手が死亡した場合、法定相続人にはなれない。

先に故人になった配偶者のことを考えて簡単に再婚を決断できない人もいる。配偶者と死別すると、最初のうちは一人残されたという事実に対して悲しみが込み上げてくる。しばらくするとその悲しみは徐々に消え、この先一人でどうやって生きていくのかという不安や恐怖などで孤独感に陥ったり、ひどい場合には、うつ病を患ったりする。時間がたつに連れて悲しみも癒え、異性の友だちに会ったりする。しかし、大多数の人は配偶者との死別後も再婚をしない。

再婚を選択しない理由として再婚生活の大変さをあげる人が多い。故人になった配偶者との生活がとても大変だったので、二度と結婚生活をしたくないという。特に高齢女性にそのような傾向が強い。自分勝手な前夫との結婚生活に苦い思い出のある女性は二度と男性を相手にしたくないと答える。一方、前妻との結婚生活が大変だったので二度と女性を相手にしないと答える男性はほとんどいない。

再婚を望む高齢者の願いは良い縁に恵まれることである。高齢男性は女性が自分の経済力だけを見て近づいて来るのではないのか、高齢女性は男性が身の回りの世話や介護だけをさせるために求婚するのではないのかと、お互いに疑心暗鬼になる。

## （二）一人暮らし高齢者の願いは良き配偶者

「大田老人の電話」に寄せられた異性問題にかかわる二〇〇五年の相談内容によると、高齢者の異性観と結婚観に関する興味深いものがある。高齢者が異性との付き合いを希望する理由は「寂しさを癒やすため」（五二パーセント）、「気の合う話し相手を見つけるため」（二四パーセント）がより多く、「再婚相手を見つけるため」「余暇を楽しむため」がその後に続く。一方、異性との付き合いを希望しない理由としては「子どもに合わせる顔がないため」がほとんどであった。異性との付き合いについては「子どもに相談する」（五七

パーセント）が「相談しない」（四三パーセント）を上回った。

付き合う相手の条件としては「人格と性格」（八三パーセント）、「経済力」（一三パーセント）、「外見」（四パーセント）の順であった。性別で見ると、男性は「性格と外見」、女性は「性格と経済力」を選好する傾向にあった。再婚相手の条件では「人格と性格」（五〇パーセント）、「経済力」（三三パーセント）、「健康」（一七パーセント）の順であったが、特に男性は相手の人格と性格を重視し、女性は相手の経済力（七一パーセント）を最優先の条件としてあげている。これによると、高齢男性は異性の友だちにも再婚相手にも「人格と性格」を最も重視するが、女性はそれとは異なる。すなわち、女性は異性の友だちの場合には「人格と性格」を、再婚相手の場合には「経済力」を最優先の条件としてあげている。

一見すると、高齢女性は男性の経済力にこだわっているように見える。しかし、韓国社会、特に近年の高齢者世代では経済力が男性に偏っており、女性は経済的に弱い立場にある。したがって、高齢女性は熟年再婚を選択する際、生活を安定させられる経済力を重視するしかない。これが、一生を父親・夫・息子に経済的に頼って生きるしかなかったこれまでの韓国女性の悲しい現実である。これは韓国に限ったことではない。家父長的な伝統が強い国であればあるほど、高齢女性の経済力は脆弱である。

## (三)　幸せな熟年再婚の鍵は真実の愛

四〇代前半に前夫に先立たれ、それ以降ずっと一人で生きてきた六八歳のある女性は、ソウルのとある老人総合福祉館で知り合った男性と二年前に再婚した。四つ年上の男性はソウルに高級マンションと三階建てビルを所有していた。彼は自分と結婚してくれれば、マンションを女性の名義にしてあげると約束した。経済力だ

けでなく、女性に対する思いやりや配慮が気に入ったので、彼との結婚を決心した。
ところが、結婚後、彼の態度が一変した。最初のうちは何かにつけ書類の作成を延ばしていたが、最近はもしや財産を盗まれるのではないかという疑いの目で自分を見ているという。登記を催促すると、結婚はなかったことにしようと言い出す始末であるとのことで、結婚を後悔していると愚痴をこぼす。その女性は「何もマンションがほしくて結婚したわけではない」と思うようにしているが、最近の彼の態度を見ると、何か騙されたような気がし、彼との再婚を清算する必要があるのではとと悩んでいるという。

高齢者の再婚の動機は二つに大別される。一つは「長くない余生を一人きりで孤独に生きるより、気に入った新しいパートナーを得て晩年を楽しく生きたい」という欲求である。もう一つは、再婚を単に一種の「お金とサービスの交換」として考える欲求である。高齢男性は、高齢女性の生活問題を解決してあげる代わりに甲斐甲斐しく自分の身の回りの世話をしてくれる相手を求める。一方、高齢女性は「老いらくに誰がおじいさんの洗濯をしてあげたりおしめを取り替えてあげたりするために行くのか」と思っており、その代わりに、高齢男性の家や財産を目当てにする場合がある。

愛と性のある結婚観と経済力を前提とする結婚観の違いであるともいえるだろうか。異なる二つの熟年再婚に対する動機は、二つの異なる結果を生みやすい。愛と性に基づく熟年再婚はお互いを慈しみ、たとえ合わないところがあっても理解しながら生きていけるが、経済力が前提となっている熟年再婚はお互いの利害関係が対立すると結局は、別れる場合がある。パートナーを見つける際、愛と性ではなく経済的な条件を前提にすると、真実の愛と性は生まれてこない。二人が一緒に生活することになれば、お互いに愛情を注ぎ、相手を慈しみ、お互いをいたわりながら楽しい時間を過ごしてこそ幸せが訪れる。そうでないと、一緒に生活していな

がらも各々別の夢を見る同床異夢の人生を生きることになり、結局はそれらを失ってしまう。高齢者が新たなパートナーを選ぶ際に、着地点を誤って定めると、それによってもたらされる苦しみは計り知れないだろう。

## （四）若い異性よりは同年代の異性

再婚をしたくても自分は年をとりすぎたと嘆く人が多い。しかし、再婚に年齢制限はない。高齢者のこのような嘆きは、愛と性を「若さ」と同一視しようとする社会文化的な固定観念から出る。熟年再婚する場合、周りから正しくない行為として見られたり老いぼれの貪欲だとさげすまれたりするのを余計に恐れる。

一方、再婚を希望する人、特に男性のほとんどはかなり若い女性を望む。珍しいケースだが、このような高齢者の願望が現実になったりする。画家パブロ・ピカソは七〇～八〇代に三〇代の若い女性たちと同棲していたし、四三歳という年齢差を乗り越えて結婚した金興洙《キムフンス》画伯（八九歳）は、七三歳だった一九九二年に三〇歳の若い弟子の張壽鉉《チャンスヒョン》さんと結婚し、世間の話題になった。それだけではない。六〇代に二〇代の女性と付き合っていたテナー歌手のルチアーノ・パヴァロッティ（Luciano Pavarotti, 一九三五～二〇〇七年）、還暦が過ぎた年に娘をもうけたフランスの映画俳優アラン・ドロン（Alain Delon, 一九三五年～）とメキシコ出身のアメリカ合衆国の俳優アンソニー・クイン（Anthony Quinn, 一九一五～二〇〇一年）など、元気な高齢者はどこの国にもいる。

とはいえ、人生経験が豊かな異性に関心を持つ人もいる。このような人は若い異性には目もくれない。高齢者のなかには自分たちの年齢を意識して若いパートナーは自分には似合わないと、かえってそれを負担に思う人もいる。例外はあるが、一般的には年齢差が大きくないカップルが長続きする傾向にある。

高齢者が再婚を希望する際、一般的に男女とも自分より若い異性を希望する傾向がある。しかし、相手を選ぶ際は自分の死後の相手の将来や生計問題なども十分に考慮しなければならない。高齢者が再婚をする際は、なるべく自分と年齢が近い異性を選ぶのが自分自身の心理的な安定に役立つ。長年の人生を通して悲しみや喜びを経験してきた男女が一緒になり、お互いを理解して慰め合いながら余生を楽しむというのが、最も望ましい老後の生活であろう。

## (五) 熟年再婚が成功するためのテスト

誰かがこのように言った。「人間の幸福と不幸は主として出会いに左右される。女性は良い夫に出会うと幸せになり、男性は良い妻に出会うと幸せになる」と。この言葉は結婚を望む若者や高齢者に幸せをもたらす共通のメッセージである。同じ運命に直面した人間同士がお互いを慈しむという同病相憐《あいあわれむ》の立場である。高齢者の再婚においては特に同病相憐の心が必要である。

結婚初期の夫婦関係においては宗教、対話、意見の一致など、さまざまな要因が影響を及ぼすが、結婚初期の満足度がその後の結婚生活を左右する。韓国社会では人生経験が豊富な高齢期の再婚であればあるほど、同じ宗教を持ち、教育水準が同等程度であり、生きてきた社会的・経済的背景が類似していることが夫婦関係に影響する。すなわち、このような類似性が再婚の成功率をより高めてくれる場合があるのである。

熟年再婚の成否は当事者の努力によるが、いくつかの要素がそろうとより円満に成功できる。アメリカ合衆国で再婚が社会的現象になった一九八〇年代にコネティカット大学のウォルター・マッキン（Walter Mckean）教授が作成した「再婚をためらう人びとのためのテスト」（http://www.uconn.edu/）を、韓国の実情に合わせ

| 質問項目 | 点数 |
|---|---|
| □ 二人の年齢差が、男性が上の場合は５歳未満、女性が上の場合は１歳未満である | １点 |
| □ 二人の学歴が男性が上または同じである | １点 |
| □ 配偶者と死別した後の期間が男性より女性のほうが長い | １点 |
| □ 二人が知り合いになって10年以上になる | ２点 |
| □ 男女両方の友人が結婚を祝福してくれる | ２点 |
| □ 男性側の子どもが二人の結婚に賛成している | ２点 |
| □ 女性側の子どもが二人の結婚に賛成している | ２点 |
| □ 二人とも最初の結婚生活が円満であった | ３点 |
| □ 二人とも話し相手を得ることも再婚の動機である | ２点 |
| □ 女性が幸せな結婚生活を送っている高齢夫婦を知っている | １点 |
| □ 男性が収入を得るために仕事をしている | ２点 |
| □ 女性が収入を得るために働いていない | １点 |
| □ 特に男性が宗教を持っている | ２点 |
| □ マイカーがあり、二人のうち一人が運転できる | １点 |
| □ 二人とも子どもがいない | １点 |
| □ 二人とも自分の家がある | ２点 |
| □ 二人とも家があるが、結婚生活は他のところでする | ３点 |
| □ 二人とも朗らかで楽天的な性格である | ３点 |
| □ 二人とも高齢期が人生の最も楽しい時期であると思っている | ３点 |
| □ 二人とも新しいことに興味があり、新しいことを学ぶのが好きである | ３点 |
| □ 二人とも今までの生活に満足している | ３点 |
| □ 二人とも健康である | ３点 |
| □ 男性側に貯金または家賃などの収入がある | ２点 |
| □ 二人とも財産を一緒にまとめる意思がある | ３点 |
| □ 二人が楽しい交際期間を過ごしてきた | ３点 |

て一部修正して紹介する。以下のテストの合計点が三〇点以上なら再婚の成功の可能性がとても高い。二一～二九点は有望、一二～二〇点は希望があるが、一一点以下はその可能性が低い。ちなみに、満点は五二点である。

## 五、熟年再婚の成功条件

認知症になった夫の面倒を看るために二〇〇六年にアメリカ合衆国の連邦最高裁判官を退いた、アメリカ合衆国最初の女性の連邦最高裁判所判事サンドラ・デイ・オコナー（Sandra Day O'Connor, 一九三〇年～）さんの純愛物語が世界的な話題になった。オコナー最高裁判所判事は彼女が献身的に面倒を看た夫が彼女に対する記憶を失い、ナーシングホームで入居者の女性と恋に落ちたという事実を知った後も、「夫が満足するのであれば幸せです」と言いながら夫の変化をありのままに受け入れた。オコナー夫妻の事例は、寿命の延長とともに結婚生活も長くなる時代における新しい恋愛法を示してくれるものである。若いときの愛と性が自分の幸せを追い求めるためのものなら、高齢期の愛と性は誰かの幸せを願うものである。

このように、高齢期の愛と性は深くて真剣である。しかし、高齢期の愛と性は相手に求める条件や期待度がお互いに異なる場合が多い。だからこそ、熟年再婚を成功させようとするならば、安定的な再婚生活のために初婚以上に努力する必要がある。再婚する前に、まずは一年ほど付き合いながら相手の人格と性格をよく把握することが望ましい。結婚を決断した際には一人暮らしのときに持っていた利己的な考え方や態度を改め、相手を配偶者として受け入れるための心の準備が必要である。その後、相手との間で情緒的な人間関係が徐々に形

成されるように努力しなければならない。

　自分らの再婚が正当かつ当たり前に受け入れられるように、子どもらや社会の認識を変えていくための努力も大切である。子どもとの葛藤を避けるために結婚式を挙げないで籍も入れずに同棲をする場合には、一方が亡くなった後に残されるパートナーの生活をどうするかについてあらかじめ他の家族と話しておく必要がある。また結婚を決心した後、子どもや周りに嫌な顔をされても配偶者を大切に思うのであれば、周りの冷たい視線をある程度は甘受しなければならない。愛する配偶者が大事であれば、周りに堂々と振る舞う必要がある。

　再婚の際は、財産分与問題や子どもとの関係についてもあらかじめ答えを出しておく。お互いに財産をどのように管理して生活費をどのように負担するのかなど、現実的問題を明瞭に確認しておく姿勢が必要である。紛争に備えて「夫婦財産約定制度」(3)を活用して問題を解決することもできる。夫婦財産約定というのは、結婚しようと思う男女が夫婦として一緒に住む間に二人の財産関係をどのようにするかについてあらかじめ約束して定めることをいう（韓国民法第八二九条一項）。結婚を控えている男女が財産関係についてお互いに話し合って合意したことを文書で作成してこれを登記すれば、自分たち夫婦だけでなく、子どもらなど第三者に対してもその約定は効力を持つ。

　成功裏な熟年再婚のためには経済力もなければならない。子どもに生計を頼らなければならない状況なら再婚生活は長続きしない。十分な年金を受け取って老後も自立した生活が可能な北欧と違い、年金制度があまり充実していない韓国では経済的な問題が熟年再婚の大きな障害物となっている。幸い、韓国でも年金受給者とその受給額が増えつつあるので、子どもらに頼らなくても老後の生活ができる高齢者が増えている現状を勘案すると、熟年再婚の可能性は今以上に高くなると思われる。

高齢期の再婚は、男女に親しみ、仲間意識、身辺の安全、経済的安定などをもたらすという意味で重大な決断である。しかし、それだけでは不十分である。熟年再婚を検討する際には必ず性行為についても考えなければならない。性も結婚生活の重要な一部分であるからである。結婚する前にお互いの性について率直に語り合い、相手に対する性的な期待、能力、衝動などの程度を知ることが大切である。話し合った結果、お互いの考え方に違いが生じた場合には、そのギャップを埋めるための努力をしなければならない。お互いに正直には言わないが、再婚後に不協和音が生じるのは性的欲望や習慣の違いからくる葛藤が問題の中心になる場合が多いからである。

## (一)　熟年再婚のための直前のチェックリスト

米国定年退職者協会（AARP）では、中年期または高齢期に再婚を望む退職者には、結婚前に必ず次の一〇事項を確認すべきだと奨励している（http://www.aarp.org/）。もし次の質問項目うち一つでも「NO」があれば、再婚を考え直したり延期したりするほうがよいとしている。

◆熟年再婚直前の確認事項◆

□ 配偶者の死亡または配偶者との離婚後に、二年以上一人暮らしをしていたか。
□ 再婚をしなくても一人で余生を楽しく生きていけるような人生プランを立てていたか。言い換えると、必ずしも再婚が必要ではないということを認識しているか。
□ 現在の人生に満足しているか。
□ 相手と最低六か月以上は付き合っており、お互いに相手のことをよく理解しているか。

□現在の家庭を離れて新しい家庭を構える覚悟ができているか。
□新しい配偶者の仕事を理解し、協力できるか。
□二人ともお互いに性格が合うか。
□お互いの希望、夢、計画などに同意したか。
□子ども、友人、親戚らが再婚を祝福してくれているか。
□以前の配偶者との思い出話を、長所・短所を比べずに自然にできるか。

## (二)　熟年再婚の成功要因

高齢期に再婚した人の成功した事例には他人とは異なる成功要因があるが、おおよそ次のようなことである。

◆熟年再婚の成功要因◆
□相手が昔から知っている知人または友人としてお互いをよく知っている。
□夫婦が一緒に共有できる趣味および社会活動がある。
□子どもらや周りの人びとの賛成を得て再婚した。
□財政的な能力が十分にある。
□再婚生活をするために新しい住まいを用意した。

その他にも成功した再婚の要因として、以前の結婚がどれだけ幸せな結婚生活であったか、新しい配偶者を見つけるのにどれくらい時間がかかったか、新しい配偶者をどうやって、どのような過程を経て得られたかな

どをあげることができる。一般的に、最初の結婚生活に満足していた人びとは高齢期の再婚の成功率が高い。それでは、初婚が不幸だった人は再婚を夢見てはならないのか。結論からいうと、必ずしもそうではない。

初婚生活が長い間幸せに維持された人びとは、成功した最初の結婚生活を通して結婚生活の問題点などに対して深い洞察力を持つようになる。このような人びとはたとえ夫婦間に葛藤が生じても他の人びとより問題を解決しやすい傾向にある。したがって、もし初婚が不幸だった人びとも初婚を半面教師にすれば熟年再婚を成功に導けるだろう。

韓国社会ではいまだにほとんどの子どもらは年老いた両親の再婚を歓迎しない。しかし、たまには老父母の扶養負担を減らすためなのか、親の再婚に賛成する場合がある。特に一人になった父親の再婚は母親の再婚に比べて前向きに考える。一人身の父親が介護を要する状態になった場合にはその傾向がより強くなる。なかでも嫁たちは舅の再婚を強く望むが、それは再婚すれば自分の負担が減るからである。韓国では「一人身の姑には仕えても舅には仕えない」という言葉がある。若い嫁と年老いた舅が一日中家の中で顔を見合わせていることは、お互いにきまりが悪く、時として苦痛をもたらす。

しかし、高齢期の再婚は子どもらの必要性によって強要する類《たぐい》のものではない。当事者が再婚について熟慮

熟年再婚をするカップルとその仲人を務める筆者

したうえ、当事者が本当に再婚を望むのであれば、周りの人びとが再婚できるように手伝ってあげることが望ましいであろう。

近年、一人暮らし高齢者の問題に関心が集まる社会情勢にあり、再婚は一人になった高齢者の新しい人生または成功裏な老後のための対策の一つとして認識される雰囲気がつくられつつある。高齢期の再婚は高齢者の生活に対する意欲と活力を回復させるとともに、老後を子どもらに頼らずに、自らが自分の人生に責任を負うきっかけを与えるという点でも奨励するに値する。

## (三)　成功裏な熟年再婚のための提言

高齢者が新たな美しい恋愛を実らせるためには当事者たちの弛まぬ忍耐と努力が必要だが、家族の協力も必要である。これと関連した専門医の提言に耳を傾けてみよう。次は、『面白い老人の話』(ドゥレメディア、二〇〇〇年)の著者である神経精神科専門医李相一《イサンイル》博士が自分の臨床経験に基づいて高齢者と子どもたちに提案していることである。

◆幸せな熟年再婚のための提言◆

【高齢者に】

□性的な衝動は当然異性に対して感じるものです。恥ずかしがったり抑えつけたりしないで異性の友だちをつくる機会を持ってください。

□孤立して生活するよりは社会活動に参加するほうがよいです。周りの慈善団体や官公庁等を利用してください。

意欲がなくても参加すれば、そのうちに自分と境遇が似ている友人と付き合えるようになったりして、さまざまな表現の機会を得られます。

□もし良い相手に出会えたら他人の目はあまり気にしないでください。若いときよりはある面で社会的な制約が少ないのです。結婚などを前提とせずに自由に付き合ってください。

□二人だけのプライバシーを大切にしてください。子どもたちのサポートはなるべく期待しないほうがよいです。子どもたちのプライバシーを侵さず、自分たちのプライバシーも侵されないようにしてください。

□生理的老化が実際の性生活に急激な影響を及ぼすことは少ないです。性生活が身体に有害であるという話も真実ではありません。

□小遣いなど金額が少ないお金でも地道に貯めてしっかり管理してください。子どもたちや孫たちに頻繁にあげないで自分たちのためにも使ってください。

【子どもたちに】

□高齢者の愛と性に対する欲望は若者と類似しています。年をとるほど一人暮らしは寂しくてつらいものです。高齢者プログラムへの参加を勧めるとともに、一年間の扶養プログラムやスケジュールを立てておいたほうがよいです。

□必要な場合には、一定額の生活費をご両親に差し上げる必要があります。もし余裕がなければご両親に理解を求めながら少なくてもよいので差し上げてください。例えば、ご両親の通帳に入れてあげてカードで下ろして使えるようにしてあげてください。

□ご両親のプライバシーには関与する必要のない面もあります。わからないふりをしながらそれを尊重してあげてください。高齢者も性生活があるので健診もできるように手配してあげてください。

□もし嫁姑の葛藤や家庭内に不協和音が生じた場合には必ず夫婦で話し合ってください。両親の性的な行為が問題になった場合は専門家を訪ねて相談してください。ご両親の問題で夫婦仲を悪くする必要はありません。

□ご両親に家族のための仕事の一部や役割を与えてあげて自信を持つようにしてあげてください。無理のない範囲内での身体的な労働もよいです。手伝ってくれと要求してみてください。
□韓国社会においてはまだまだ熟年再婚には理解が難しい問題があるので、よく話し合ってください。ご両親の話に耳を傾けてあげてください。事実婚なら、一方が先に世を去る場合に備えて財産問題についてあらかじめ話し合っておく必要があります。

## 六、現実的な代案としての熟年同棲

最近、中国では結婚をしないで夫婦生活を楽しむ「半糖《はんとう》夫妻（bàntáng fūqī）」[4]、すなわち「半分だけ甘い夫婦」の生活が高齢者の間で流行している。あえて韓国語に訳すと、別居しながら必要に応じて時々お互いの家で会ってスキンシップを持つ夫婦である。結婚はお互いにとって負担なので、お互いの私生活を侵害せず、離れて暮らしながらも高齢期の生活の張りを維持するのである。高学歴・高収入の高齢者の間で増えているが、経済的負担をあまり感じないために子どもも賛成しているという。

韓国より先に高齢化社会に入ったアメリカ合衆国では近年、結婚しないで同棲する高齢者カップルが急激に増えているという。アメリカ合衆国の人口統計によると、二〇〇〇年の時点で正式に婚姻していない四五歳以上の男女が少なくとも一人以上含まれた同棲家庭が約二〇万三〇〇〇世帯に上る。これは一九九〇年に比べて約六二パーセント、一九八〇年に比べて約七一パーセントも増えた数である。同棲カップルは一九八〇年に

比べて三倍近く増えた四七〇万組である。特に六〇歳以上の同棲カップルは一九九六～二〇〇〇年の間に四六パーセントも増え、四〇～六〇歳の中年同棲カップルの増加率よりも高い。同棲する高齢者が増えているのは、結婚に失敗した経験があったり各々自分の財産を別々に管理したりしたいため、愛してはいても結婚はしないという道を選択する人が多いからであるとみられる。

韓国でも再婚に対する偏見、財産相続の問題、経済的負担による子どもらの反対等を理由に、再婚を諦めて密かに同棲をする高齢者が増えている。問題は、同棲が「社会的規範からの逸脱」であると社会や子どもたちに認識されているということである。つまり、お互いが結婚に合意して子どもの同意が得られれば、高齢者も二人が結婚したことを世に知らしめる事実婚や法律婚を選択するのであろう。

しかし近年、財産相続による子どもたちとの摩擦を憂慮し、正式結婚より同棲を選んだり財産の一定額を相手に支払うという約束を事前に取り交わす一種の「契約同棲」をしたりする高齢者も増えている。このような契約同棲は倫理的な問題を抱えているにもかかわらず、現実的な代案の一つとして一部の専門家の間では受け入れられている。一人暮らしになった親の健やかな老後の生活を保障するためには、同棲と再婚が社会的に認められ、それを受け入れる雰囲気がつくられる必要がある。

韓国では、同棲は男女ともに法的な保護を受けられない。結婚したカップルは離婚する際、幾多の判例と財産分与算定方式などに基づいて財産分与をするようになるが、同棲中に別れる人びとのための法的な支援はほとんどないのが現実である。同棲による問題をたくさん処理しているアメリカ合衆国の財政専門家らは、別れた際に財政的なトラブルを避けるためには共同口座を設け、主な物品は共同で購買し、生活費も半分ずつ負担するようにと助言する。もし二人の間に収入の格差が大きければ、一定の負担の割合を決めておいて

生活費を負担するのが望ましいと勧告している。

若いカップルは結婚による束縛を嫌い、軽く始められる同棲に魅力を感じているが、それに飽きた場合、簡単に二人の関係を整理するという考え方も併せ持っている。彼らは築いてきた財産の規模があまり大きくないので整理も簡単である。しかし中年以上の同棲カップルとなると話は違う。彼らには別れる際の財産分与の問題が深刻であるが、実際にこのような問題が年々増加している。アメリカ合衆国の経験は大変参考になる。同棲カップルに対する法律専門家らの助言を聞いてみよう（http://www.duoremarry.com/）。

◆熟年再婚の紛争の避け方◆

□ 別れる場合に備えて契約書を作成しなさい。
□ 生活費は半分ずつ負担して、不動産は共同名義にすることが望ましい。
□ 共同負担分を除いた貯金や信用取引は各自が管理する必要がある。
□ 高価な物品を購買する際には、費用負担の原則を明確に決めなければならない。
□ 共同名義の自動車の購買は控えなさい。

## 七、堂々と楽しみなさい

美しく聞こえるシルバーロマンス。しかし、これには思わぬ痛みが隠されている。ありふれたことではないが、「結婚詐欺」と「再びの別れ」という闇が潜んでいるのである。再婚の喜びも束の間、結婚詐欺の被害に遭ったり財産相続の問題で子どもらとの葛藤を経験したりするなど、かえって憂鬱な人生を過ごすこともある。

妻と死別した六〇歳の男性はある知人の紹介によってある女性と知り合い、しばらくしてから同棲を始めた。男性の子どもたちはその女性に一〇〇〇万ウォン（約一〇〇万円）を渡して父親の世話を頼んだ。しかし、お金を受け取ったその女性は間もなくして父親の前から姿を隠してしまった。男性はその女性を詐欺罪で警察に告訴したが、その後、虚脱感に見舞われている。実は最近、結婚を餌に一人暮らしの高齢男性に近づいてお金を騙し取る結婚詐欺が農村地域を中心に頻発している。被害者のほとんどは契約金名目で一〇〇〇〜三〇〇〇万ウォン（約一〇〇〜三〇〇万円）を支払って同棲を始めるが、何か月もたたないうちに女性が姿をくらましてしまう。

一〇年前に再婚した六八歳のある女性は、再婚相手の子どもたちとの葛藤に耐え切れず再びの離婚を決意した。ご主人の前妻の子どもたちがしょっちゅうお金をせびりに来ては奪うように持ち去って行った。あげくのはてには財産相続の問題で争いになり、結局また離婚した。

マスコミ等から聞こえてくる高齢期のうつ病などを心配し、同棲や再婚を望む人が多くなっている。その一

方で、一人暮らしをしながら異性との付き合いやそれを楽しむだけの恋愛に満足するという人も少なくない。二〇〇三年に、首都圏で活躍する社会福祉士五人[5]が六か月にわたって高齢者一〇〇〇人を対象に面接調査した結果、回答者の三人に一人は「再婚するより恋人のまま過ごしたほうがよい」と思っていることが明らかになった。ちなみに、「好きになったら結婚しなければならない」と思っている人は五人に一人だった。

## (二) 孤独な独身者のための「特別解放区」が必要

糟糠《そうこう》の妻[6]と死別した六九歳の男性は、妻に先立たれたときに子どもがあまりにも小さく、再婚する勇気もなかったため、子育てだけに専念して生きてきた。二人の子どもは立派に成長し、今は結婚して自分の元を離れて行った。一人残された今、亡くなった妻が恋しくてたまらない。誰か側にいてくれて一緒に生きていけたらどれだけよいだろう。再婚をしようにも、すぐに気の合う相手に巡り合えるとは思えない。しかし、まだ「死んでいない」自分の性的な欲求を我慢するのは容易なことではない。冥想や運動、自慰行為などで「エネルギー」を発散しているが、たまには異性の肌が恋しくなる。

配偶者を亡くした一人暮らし高齢者が元気な生活を保持するためには、新しいパートナーを迎え入れることが望ましい。子育てという親としての義務を果たした人びとには老後に新しい人生を見つける機会が必要である。そのためには、一人暮らし高齢者は新しいパートナーを得るのがよい。結婚をするかしないかの選択はその後である。商業的な結婚相談所では近年、需要が高まっている熟年再婚分野の比重を高めているが、結婚を前提として出会う負担感を減らす意味でも、結婚相談所を通した出会いよりもその負担なく新しいパートナーを見つけられる空間が求められる。

パートナーがいない一人暮らし高齢者には、このような機会の「特別区」を用意してあげる必要がある。そうすることによって、彼らはあまり支障もなく晩年の愛と性の問題を解決できるようになる。彼らの人生最後の快楽を妨げてはならない。高齢者がお金で性的な欲求を解消するには限界がある。今でも高齢男性の小遣いは異性との付き合いに多く使われている現状だが、高齢者に必要なものは単純な肉体的な快楽だけではなく情緒的な満足である。韓国の高齢者は性行為ワーカーだけを求めるのではない。高齢者専用のダンスホールなどでそれなりに品位を保ちながら、若い男女のように自由恋愛と異性との付き合いを楽しむことを望んでいる。このような過程を通じて新しい人生のパートナーを見つけられたら、それ以上の喜びはないであろう。

特に高齢者にとってダンスホールはよい社交の場である。配偶者のいない人には異性との楽しい語らいの場となる。高齢者も異性との付き合いが始まれば、服装も心もおしゃれをするようになり、気持ちまでも若くなったような気がする。好感を持てる相手が見つかればともに楽しい時間を過ごせる。「老人福祉館の前に流れる河辺の堤防にゴザを敷いてお互い背中を合わせて小川の音を聞いているだけで幸せを感じる」と、ある高齢者が言ったのを聞いたことがある。

これこそ、会話やスキンシップを通して味わえる温もりである。子どもたちからはそれはほとんどもらえない、異性だけからしかもらえない温かい贈り物である。舞踏場で最も人気のあるプログラムの一つがダンスパーティーだということからみても、男女の身体の接触がどれだけ求められているのかがわかる。一緒に踊り、一緒にお茶を飲む友人として付き合いを始め、結婚にまで発展していく。そういう付き合いがこれからの高齢社会ではますます増えていくと思われる。

近年、高齢者から「配偶者がいなかったらともっと早く老けるだろう」または「恋人がいない一人暮らしの

高齢者がどこにいるのか」という話がよく聞こえてくる。これを聞くと、これまで灰色の無性《むせい》の存在だった高齢者が色鮮やかな色彩を帯びてきたように感じる。異性に対する関心と接触、これこそ高齢者の若返りの道であり高齢者の愛と性の復活である。したがって、異性に対する関心や接触は一人になった高齢者が孤独感から抜け出せる、より積極的な脱出口となる。

## （二）出会いの究極的な目標は幸せな老後

配偶者を亡くして孤独に一人で生きてきた高齢者が新しいパートナーを見つけること、同棲または再婚をして幸せな老後を夢見ることは、個人にとってだけでなく、社会的にも重要な課題である。今の若者たちもいずれは直面する問題であるからである。

しかし、熟年再婚や熟年同棲、熟年恋愛などは豊かな老後を過ごすための方法であって、それ自体が目標ではない。どんな方法の選択であっても高齢期の幸せほど重要なものはない。したがって、短絡的に経済的な理由または精神的な慰めを得るために性急に同棲や再婚を決めるのは好ましくない。焦らずに一人暮らしを楽しむ心の余裕も必要である。そうしているうちに、本当に心が通じ合う新しい人生のパートナーに巡り会えるだろう。急がば回れという言葉もあるではないか。

一人暮らしをする際に注意しなければならないことは、自分が愛と性の存在として生きていることを忘れてはならないということである。実は、高齢者になる以前に再婚をした場合を含め、配偶者との性生活を絶えず維持することが望ましい。もちろん配偶者と一緒に生活していても、自分や配偶者の健康状態がよくないときは性行為をしにくい。しかし、一定期間にわたって性生活を中断したとき、特に男性は性交渉力が次第に弱

まってしまう。したがって、パートナーが一時的に、あるいは長期間不在のときには自慰行為や性的な幻想などをして性交渉力が失われないように留意する必要がある。あるいは、いつかよい人に出会って再婚をしたとしても、性交渉力が失われていると十分に愛し合えない可能性が高くなる。

もちろん韓国社会では社会的・文化的な影響により、一人暮らしになった高齢者が自らそういう努力をすることは容易ではない。したがって、再婚を望まない一人暮らし高齢者のために彼らが交流できる社交の場を設けたり、一人暮らし高齢者が楽しめるプログラムを開発したりして提供することも望まれる。

高齢期は、「心臓の鼓動が衰えてもなお微笑むことを学ばなくてはならない」と詠《うた》ったドイツの作家ヘルマン・ヘッセ（Hermann Hesse, 一八七七〜一九六二年）の詩のように、毅然とし、成熟した姿勢を学ばなければならない時期である。誰かに頼って生きるおまけの人生ではなく、長年の年輪を滋養分にして異性と温かさを分け合いながら豊かな人生を歩んでほしい。

## 八、子どもらよ、二一世紀型親孝行をしなさい

朝鮮時代の有名な書道家である金正喜《キムジョンヒ》（一七八六〜一八五六年）は、満七〇歳まで生きたので、当時としては非常に長生きした人である。彼は「一読二好色三飲酒」、すなわち第一に読書、第二に女性、第三にお酒を楽しんだ。忠清南道《チュンチョンナムド》禮山《イェサン》にある彼の古宅には「好色は人生の二番目の楽しみである」という文句が堂々と飾られている。彼がこの文を書いたのは、彼が韓国の南の島である済州島《チェジュド》への島流しから戻って来て、現在のソ

ウルの漢江《ハンガン》近くに住んでいた六四～六六歳のときであると推定される。

当時六〇代であった彼がここまでに性的欲望を曝《さら》け出したほどだから、昔に比べて健康状態がはるかによくなった今日の六〇代の性的欲望はいかほどであろうか。元気な高齢者を一人きりにさせておくことは、厳寒の冬に屋外に立たせておくこと、重い荷物を肩に乗せておくこと、刀で太ももを突き刺すことに喩えられたりしている。一人暮らしになった親が元気に性生活ができる年齢であるにもかかわらず一人きりにさせておくことは、親にとっては罰を与えられるのと同じくらい苛酷なことでもあろう。伝統的に、韓国社会では高齢期の再婚を不適切な行為としてみなす風潮が強いため、子どもの顔色を窺ったり周りの目を気にしたりして自ら再婚を諦めてしまう。

熟年再婚は成功する場合より失敗する場合がより多いといわれている。周りの祝福を受けながらする初婚と違い、晩婚、なかでも熟年再婚は乗り越えなければならない障壁が幾重にも重なっている。何より、家族、特に子どもらからの反対が激しい。子どもたちが反対する理由は「自分たちが親の面倒を見ないのは子どもの道理ではない」というのである。しかし、これは表面的な理由であり、親の再婚によって自分たちが受け取る遺産の分け前が減るというのが反対の本音でもあろう。

熟年再婚は本人だけが望めばできるものではなく、子どもたちが了解しないと困難なことである。高齢者自らが開けっぴろげに再婚させてくれと言えるはずがない。ましてや、子どもたちが親の財産が赤の他人のところに行ってしまうのではないかという疑いを持つ熟年再婚はより難しい。

熟年の愛を成就させるには、当事者の強い意志と自信が何よりも大切である。そのうえ、子どもたちと周りの理解と思いやりがなければならない。熟年再婚は一人暮らしになった高齢者の合法的な権利の一つでもあ

る。双方が自発的に望んで結婚したなら、適切な法的保護を受けなければならない。

愛する伴侶を亡くす死別の苦痛は家族の誰よりも一人残された配偶者が最も大きい。それだけせっぱつまった状況に置かれるからこそ、「死ぬことができずに生きている人」を意味する未亡人という言葉も生まれたのではないだろうか。しかし、人間は忘却の動物なので、死別の瞬間から一定時間がたてば密かにまた他の相手との出会いを夢見る。ただ、それを積極的に表現しないだけであろう。このような状況下で、高齢者の再婚に重大な影響を及ぼすのは成人した子どもらである。したがって、高齢期の再婚のためには高齢者自らの態度の変化より、若い世代の考え方を変えなければならない。たとえ社会的には高齢者の再婚が否定的に見られていても、子どもたちが再婚を勧めたり認めたりしてあげれば高齢者の再婚はより成立しやすいうえ、本人たちも豊かで安定的な愛と性の生活ができる。逆に高齢者の愛と性、そして再婚に対して否定的な見方が消えた社会になったとしても、子どもらが親の再婚に反対すると、高齢者の再婚は相対的に不安定で幸せにはなれない。

## （一）　本当の親孝行は人権尊重

このごろ、若者に「孝」を諭すと「古臭い封建思想だ」と言って耳を塞いでしまう。もちろん理由がないわけではない。親孝行が最高の美徳であった時代には女必従夫《じょひつじゅうふ》、三従之道《さんじゅうのみち》[7]、七去之悪《しちきょのあく》[8]、再婚禁止、一夫従事など、今の世代ではあり得ない男性中心の慣習が美風良俗として勧奨されていた。その影響もあり、どの時代においても奨励されなければならない「孝」という人間としての基本的な倫理までが女性をないがしろにしている。中国の戦国時代の思想家である孟子は「親孝行は物質的なものではなく精神的なものである」と説いているではないか。金銭的・形式的ではなく、心で孝を行わなければならない。お正月やお盆にだけ故郷の家を訪

ねて贈物をするより、普段から親の健康に関心を持って気を遣うことが望まれる。子どもだからこそ、親の顔色を見ると病気がわかる。その血色がよくないときには、どこか痛いところはないかと尋ねるようにしよう。

韓国より先んじて高齢化問題に直面した先進諸国を見ると、高齢者問題は福祉施設の拡充や制度の充実だけでは根本的な解決は困難であるということがわかる。だからこそ、社会全体に敬老孝親の思想をよみがえらせ、特に家庭において高齢者の尊厳と役割を取り戻すことが望まれる。

年長者と若者はお互いを必要とする存在ではないだろうか。一時代を築いてきた高齢者はその時代を導いてきた主人公であるだけでなく、次の時代を創造する水先案内人でもある。もし今の若い世代が老父母に対する親孝行を納得して受け入れなければ、若年世代が次の世代を説得するのはかなり難しくなるだろう。今の四〇〜五〇代は自分たちが老父母に親孝行する最後の世代となり、子どもたちから親孝行を受けられない最初の世代になるだろうと嘆いている。私たちが老父母を大切にすることは子どもの道理であると同時に親に対する恩返しであり、ひいてはお互いの人権尊重であるといえる。親に対する人権尊重は、自分自身の人権尊重として脈々と引き継がれていくのである。

## (二)　子どもが両親と仲よく暮らす方法

子どもが親孝行したくても、思ったとおりにいかない場合が多い。お互いの考え方と行動に息苦しさを感じ、たまに本音とは違う言葉を吐き捨ててお互いを傷つける。親子間で起きるさまざまな葛藤は、お互いの理解不足から生じる。アメリカ合衆国の有名な心理学者であるメアリ・パイファー（Mary Pipher）は「高齢者に対する愛はすなわち自分の未来に対する愛」だと言う。彼女が一九九七年に著した『The Shelter of Each

Other : Rebuilding Our Families』（韓国では『もう一つの国』という題名で二〇〇〇年に翻訳出版）には、子世代が親世代と仲よく暮らす方法が紹介されている。

①　本音を推し量ろう

近年のほとんどの親世代は戦争とその後の貧乏の中で生き抜いてきた。そこで、何でも惜しむ習慣が身についていて、腐ったりカビが生えたりした食べ物でも捨てないし、電話代を気にして電話も早く切ろうとする。高齢者が同じ言葉を繰り返しながら無駄口を叩くのは、自分の主張が受け入れられないときに自分に降りかかるであろう災害や傷に対する心配があるからでもある。

②　老いることが直ちに弱いことではない

高齢者が犯す過ちを間違いであると見るだけではなく、「老いたから」だと思ってはいないか。高齢のドライバーが交通事故を起こすと「年のせい」だと咎《とが》める。若者も鍋を火にかけておいて不始末したり約束を忘れたりすることがあるのに、高齢者がこのようなことをやらかすと二重の非難を浴びる。

③　親が望んでいることは何か

親は単純なことでも喜びを感じる。一週間に一回または月に何回か子どもらに会うこと、自分で作った食べ物を子どもたちに送ること、子どもらと一緒に働きながらおしゃべりをすること、子どもたちに仕事を頼まれること、別れ際に子どもらの笑顔を見ることなどなど、些細なことでも喜ぶ。時間がたつのが早いということを知っているのなら「後でしよう」と思うのは禁物である。今すぐにでも親の手を握って「愛してるよ」と言おう。それは、決して早くはない。

④　正直になれ

子どもは親の「ため」と思いやすいが、何でも親と「一緒に」するという気持ちを持とう。家族の葛藤や苦しみ、経済的な問題、病気などがあれば親に正直に打ち明けよう。親子が真実を言わないと、お互いが愛する機会を奪われるのと同じことである。

⑤　完璧《かんぺき》な親も子どももいない

親と子どもがいくらお互いをよくわかっているつもりでも問題は発生する。愛しているのであれば、お互いの期待に反するときに生じる失望も覚悟しなければならない。親子は正直に助けを求め、包み隠さずに話して両者の関係を調整していく。問題が生じたとき、たまには笑ってごまかしたり忘れたりすることも必要である。

注

(1)　人間に生まれつきに備わっている本能的なエネルギーと欲望を表すラテン語である。特に快楽の欲望、性的衝動、性的欲望として用いられる場合が多い。

(2)　高齢者の身の回りの世話をする韓国の家政婦またはホームヘルパーの名称である。

(3)　正式名称は「夫婦財産約定登記申請」であるが、男性の住所地を管轄する地方裁判所で登記をする。

(4)　結婚後も平日は同居せず、週末だけ一緒に過ごすという新しい結婚のスタイルであり、日本でいえば週末婚である。日本の単身赴任とは違って、近くに住んでいながらもお互いのプライベートを大事にし、新鮮さを保つため別居するという特徴がある。

(5)　韓国で一九七〇年に制定された「社会福祉事業法」に規定されている国家資格であり、一級と二級とがある。韓国では日

本と同様に「社会福祉士」という名称独占の資格である。一級は大学で社会福祉学または社会事業学関連の科目を履修して卒業した者、大学院で社会福祉学または社会事業学関連の科目を履修して修了した者、社会福祉事業関連の事業所での現場経験が一年以上の社会福祉士二級所持者のうち、二〇〇三年から導入された国家試験を受験して合格した者に与えられる。二級は短期大学等で社会福祉学または社会事業学関連の科目を履修して卒業した者に無試験で与えられる国家資格である。一級と二級の業務内容に区別はない。

(6) 貧しいときから苦労をともにしてきた妻である。中国の歴史書『後漢書（宋弘伝《そうこうでん》）』にある「貧賤の交わりは忘れるべからず、糟糠の妻は堂より下さず」という句にまつわる。

(7) 女性は幼いときは両親に従順し、嫁《とつ》いでからは夫に従順し、夫が亡くなった後は息子に従順しなければならないという韓国の伝統思想に基づく道徳観である。

(8) 韓国の伝統思想において夫が妻を離縁できる七つの理由は、①不事《ふじ》舅姑《きゅうこ》（舅《しゅうと》と姑《しゅうとめ》に不孝すること）、②無子《むし》（息子を産めないこと）、③淫佚《いんいつ》（貞節を守らないこと）、④妬《と》（嫉妬すること）、⑤悪疾《あくしつ》（遺伝病など子孫に悪い病気を残すこと）、⑥多言《たげん》（口数が多すぎること）、⑦窃盗《せっとう》（他人の物を盗むこと）とされた。

# 第五章　美しい老後の人生のために

## 一、高齢者の愛と性の権利章典

お釈迦さまがまだシッダールタ（Siddhartha）王子だったときの話である。出家して僧侶になってしまうのではないかと心配する父王によって宮廷の中に閉じ込められて暮らしていた彼は、何回も宮廷をこっそり抜け出し、馬子が引く馬車に乗って宮廷の周りを散策したりした。彼が初めて宮廷を抜け出したとき、彼はある男に出くわした。歯がすべて抜け落ち、腰がひん曲がって杖で身体を支えている白髪のしわだらけのその高齢男性は、震える手を突き出しながら聞き取れない言葉でまくし立てた。シッダールタ王子がびっくりするのを見た馬子は「人間は老いるとこのようになります」と説明した。すると、シッダールタ王子はこう叫んだ。

「ああ、不幸だな。弱くて無知な人間は若さだけに酔いどれて老いを見られないのだ。早く家に帰ろう。遊びや快楽が何の役に立つというのか。今の私の中にすでに未来の老人が住んでいるのだ」

お釈迦さまは一人の高齢者との出会いを通して自分の運命を見越したのである。その瞬間、お釈迦さまは人間を救うために人間のすべてを背負って生きることを決心した。彼が他の人間と違うところはこの点でもある。私たち人間は自分にとって苦しいことは避け、甘いことだけを享受しようとする。そのなかで、特に「老い」を拒否する。

私たち人間は誰もが年をとっていき、いつかは死ぬ。それは避けられない真実である。ドイツの文豪ゲーテ（一七四九～一八三二年）が「老いというのは不意に訪れるものだ」と言ったが、それは至極当然のことである。老いは音なしで訪れる運命である。老いは私たちの人生を支配し、ときには私たちを慌てさせる。

「青春はお酒がなくても酔えるもの」という言葉がある。人生にはこのような青春期もあれば、お酒があっても酔えない高齢期もある。自分には高齢期がないと傍観できるほど人生は長くない。誰もが夢見る「豊かな高齢期」は当たり前に与えられるものではない。豊かな高齢期は決して保障されてはない。豊かで堂々とした高齢期のための準備は、自分自身もいつかは高齢者になるという、高齢者に対する考え方の転換が出発点ではないだろうか。

演劇『ある高齢夫婦の話』の一場面

## （一）　社会の高齢化で出現した新人類の性革命

二〇〇六年に世間の話題になった韓国演劇『ある高齢夫婦の話』は、人生の終末期の愛と性を素材にした演劇である。この演劇は洋服屋のおじいさんと食堂のおばあさんによる初恋よりも美しい恋愛物語である。映画『死んでもいい』の舞台バージョンともいえるこの演劇は、見方によっては醜く見えるかもしれないが、高齢者の恋愛を見事に描いている。誰にでも訪れる高齢期の孤独と悲しみ、そして愛と性に対する渇望など、すべての世代が共感できるような物語になっている。

このように、高齢期の愛と性に関する話題が韓国でも徐々に表面化しつつある。「高齢者」と「愛と性」は、これまでの韓国社会では相容れないまったく別々の用語として取り扱われていた。高齢期は愛と性が喪失される時期であると認識されており、高齢者が愛と性に対して興味を示したり性交渉力を誇示したりすれば非難された。「高齢者は愛と性に関心を持たない存在であり、性的な興奮を感じることはできない」という認識が広がっていたためである。

しかし、実際はそうではない。近年、高齢者の愛と性をテーマにした映画や演劇が多くつくられたりして、実生活においても高齢者の愛と性に対する偏見が徐々に薄れている。医療技術が発達して長い人生を送れるようになるとともに、社会の雰囲気が開放的になるにつれて、高齢者の愛と性の文化も急激な変貌を遂げている。今日の高齢者は愛と性を遠ざけるには忍びない、とても若々しい肉体と精神を持っている。

二一世紀の人類は科学と医療技術の発展のおかげで人類の長年の念願であった平均寿命一〇〇歳という長寿の実現を目前に控えている。新時代の新人類は他でもない人生の黄金期を迎える六〇代以上のシルバー族である。人間の寿命が長くなると、人生のそれぞれの段階が持つ意味が変わり、家族制度も変わる。寿命が長

くなるにつれ、それだけ愛と性の生活を楽しめる期間も長くなり、文字どおりの「第二の性の革命」がやってくる。したがって、これからは寿命が長くなる長寿だけに関心を寄せるのではなく、長寿社会での「生活の質（QOL）」を向上させるため、高齢者の愛と性の問題にどのように対処していくかについても真剣に考えなければならない。

## (二) 高齢者の愛と性の権利章典

「私があなたのように若かった頃、六〇歳は高齢者だと思っていた。しかし、六〇歳はそんなに老いた年齢ではない」

二〇〇六年に還暦を迎えたジョージ・ブッシュ（George Walker Bush, 一九四六年〜）元アメリカ合衆国大統領（二〇〇一年一月二〇日から二〇〇九年一月二〇日まで在任）が若者たちに言った言葉である。ブッシュ元大統領でさえ自分が年をとる前までは年齢に対してある偏見を持っていたという証拠である。高齢者に対するさまざまな社会的な偏見は、ともすれば高齢者の心情を無視して高齢者を卑下する心理的な虐待のような人権侵害につながる恐れがある。

高齢者の人権問題のうち、いまだに人びとの無関心と無知のなかに深く埋もれているのが高齢者の「愛と性の権利」である。高齢者を無性《むせい》の存在として認識している韓国社会の古い固定観念による偏見は、高齢者自身に性欲を抑制させる一種の「性的虐待」である。韓国の高齢者は「伝統的な高齢者像」に縛られ、お淑《しと》やかさと上品な振る舞いが強要されてきた。高齢者は自分が感じる欲望そのものを恥ずかしがり、それを否定しなければならないのである。

人間の自分自身に対する自己評価はその人の行動と密接な関係がある。人間は自分自身に対して前向きに考えるときには自信に満ちた行動をする。高齢者も自らが持つ愛と性に対する考え方や自分の愛と性生活に対する評価が前向きであれば、高齢期の身体的・精神的な限界を乗り越えて、活動的かつ満足する老後の生活を楽しむことができる。

現代社会における高齢者の四重苦は経済的貧困、健康の悪化、役割の喪失、寂しさや孤独感である。多くの高齢者が、そのなかで最も大きな苦痛は寂しさや孤独感であると言う。この寂しさや孤独感を癒すには異性との恋愛、ひいては性が大きな役割を果たす。愛と性は神秘に満ちており、楽しい刺激を与えてくれると同時に生活の源になったりする。また人生に花を咲かせてくれる原動力にもなる。高齢者の健全な異性との付き合いを含む円満な性生活は、老化の過程で発生するさまざまな否定的な考え方と情緒を前向きな方向に向かわせてくれる。そして定年退職によって生じた社会的役割の喪失を補ってくれる。

韓国社会において高齢者の性的欲求を解決するためには「高齢者の愛と性」に対する無知と偏見をなくさなければならない。このような偏見を克服するには単に高齢者の「性的機能」の側面に注目するだけではなく、高齢者の愛と性を「人間の当然の権利」として認識する必要がある。

手がないからといって食べる権利もないのではない。人間誰しもが持つ欲求と権利として、高齢者の愛と性を見つめ直さなければならない。今からでも遅くはない。高齢者の愛と性は倫理的に見直す必要がある。高齢者の愛と性を取り巻く「自己決定権」と基本的な人権は、若者らと同じように保障されなければならない。高齢者も自分の意思によって性生活を続けたり異性との付き合いおよび熟年再婚をしたりする権利がある。単に「高齢者」という生理的条件だけでその権利が制約されたり差別を受けたりしてはならない。

目に見える身体的あるいは精神的虐待だけが高齢者虐待ではない。若者らと同様に持っている高齢者の愛と性に対する渇望を卑下することこそ、むしろ深刻な高齢者虐待となり人権侵害にもなろう。高齢者自身もそれらで意気消沈してはならない。自信を持って活気に満ちた愛と性生活を享受しなければならない。高齢者の愛と性の問題は、陰ではなく表立って明るいところでも議論されなければならない。

これからは「高齢者の愛と性」の問題は、高齢者福祉という側面からも理解する必要がある。韓国社会に蔓延している熟年再婚に対する伝統的な固定観念から脱皮し、熟年再婚を相談・斡旋する専門機関が地域社会内にたくさん整備される必要がある。特に行政機関や実務を担当する市・郡・区（市区町村）の基礎自治体には、高齢者の性的権利を積極的に支援することが求められる。高齢者の愛と性や再婚を地域社会が取り組む課題としてクローズアップし、愛と性や再婚は我慢して耐えなければならないものではなく、「人間としての当然の権利」であるという認識を高齢者にも持たせる必要がある。

高齢者も最期の瞬間まで豊かに生きる権利がある。異性との付き合いや再婚を通して高齢者が生き生きとした生活ができるのなら、それを個人だけに全面的に任せるのではなく、高齢者福祉の側面から地域社会や福祉団体等が専門的に支援する必要がある。

## 二、無病息災と長寿は自分自身にかかっている

人間はいくら年をとっても誰もが元気に長生きしたいと願っている。不老長寿は今も昔も、そしてこれからも変わらない人類の永遠の念願である。

しかし、今の子どもたちは長寿についてあまり考えない。青年たちもあまり気にかけない。真夏の暑いときには寒い冬に暖かく過ごせる暖房の心配をしないのと同じである。人間は概して中年以降になってから初めて健康に関心を持つようになる。そして一〇〇歳の高齢者の生活から長寿の秘訣を見つけ出そうとする。しかし、一〇〇歳の高齢者とて非凡な長寿の秘訣があるわけではない。

韓国では最近、「九九八八二三四」という暗号のような数字が高齢者の間で話題になっている。「九九歳までピンピン（八八）していて二〜三日間だけ寝込んでころりと亡くなる（四＝死）」という意味であろう[1]。しかし、「九九八八二三四」のような死に方は現実的には難しく、あくまでも願望にすぎない。韓国保健社会研究院によると、二〇〇六年時点の韓国人の「健康寿命」は男性六七・四歳、女性六九・六歳である。健康寿命とは、「日常生活に介護を必要とせず、心身ともに自立した状態で生存できる期間」をいい、平均寿命から日常生活を大きく制限する病気や外傷などを伴った期間を差し引いた年数である。韓国人の平均寿命が男性七七歳（世界第二〇位）、女性八三歳（世界第七位）であることを考えると、健康寿命は平均寿命より約一二年ほど短い。要は、韓国人は二〜三日ではなく、平均一二年も病気などと闘った後に亡くなるということである。平均寿命の延長をむやみに喜べない理由がここにある。それだけに健康長寿に対する願望は強い。

人間が年をとるということ、老いるということは心身の変化過程の一つである。心身の諸器官の機能は徐々に弱まっていく。老化によって身体的な疾患や精神的な病気がもたらされる。また感覚や運動神経、知能にかかわる中枢神経などの神経組織にも変化が生じる。社会における自己の地位が変わり、自分の信念や態度、そして性格までが変化し、それによって行動が変わる。性生活もしかりである。年をとれば性交渉力が低下する。このため、老いると性行為は不可能であると断定してしまう人が多い。たとえそれを十分に行える能力があるにもかかわらず、心身の老化以上に自らが性行為を諦めてしまう場合も少なくない。

しかし、身体的な老化が進行しても人びとが運動をやめることはない。同様に、性交渉力が弱まったからといって性生活を諦める必要はない。高齢期の性生活が寿命を縮めて健康を害するというちまたの俗説がある。だが、高齢期の性生活はそれだけ元気であるという証拠であり、規則正しい性生活は豊かな長寿にも役立つ。

## (一) 正しい養生が長寿をもたらす

世界の幾多の長寿村と長寿家庭、そして長寿者の生活実態調査によると、特別な障害がない限り、人間の寿命は一〇〇年以上あるという。しかし、ほとんどの人は与えられた寿命までしか生きられない。人間が与えられた寿命どおりに長生きできない原因は三〇〇種類以上もあるというが、主な原因は遺伝、労働、運動、栄養、環境、そして病気である。

それでは、どのようにすれば健康に有害な要因をなくし、健康寿命一〇〇歳を享受できるのだろうか。伝統医学によると、健康長寿には摂生《せっせい》が重要である。摂生というのは「生活を受け入れる」「生活を導く」という意味もあるが、身体が受け入れる食べ物を「摂る」というように、生活を上手に受け入れて導いて進むことも

いう。要するに、適度な飲食、規則正しい生活などを心がけ、健康に気を配ることである。

漢方医学には一種の生活医学書である『養生訓《ようじょうくん》』(2)がある。養生というのは、摂生と似ている概念として「生を養う」、つまり生活に留意して健康の増進を図ることを意味する。許浚《ホジュン》の『東医宝鑑《とういほうかん》』や中国医書である『千金翼方《せんきんよくほう》』などには、「病気は内在した欲望と外部から受ける邪気が原因となって生じる」と出ている。人間に内在している欲望には食欲、色欲、睡眠欲などや喜、怒、憂、思、悲、恐、驚の七情があり、外部から受ける邪気には風、寒、暑、湿などがある。

養生の秘訣は心を穏やかにするとともに身体を動かすことである。身体を動かさなければ元気が停滞して病気になる。逆に身体を頻繁に動かすと、流れる水は腐らず、ドアの肘金には錆がつかないように、健康を維持できる。わかりやすくいえば、「身体に優しい物を食べながら適当な労働と運動をし、いつも朗らかで愉快な生活をすること」が健康の秘訣である。前述したように、高齢期の規則正しい性生活も長寿の一要因となり得る。

世界保健機関（WHO）が発表した資料によると、健康と寿命の六〇パーセントは自分自身にかかっており、その他には一五パーセントは遺伝的な要素、一〇パーセントは医療環境、七パーセントは気候および自然環境に関係があるという。要するに、老化の大部分は自分自身にかかっているということである。老化は年をいくつとったかではなく、どうやって生きたかによって大きく左右される。老化の六〇パーセントは長寿のために自分自身がどのような努力をしてきたかによって決まる。つまり、いかに「創造的な老化」を迎えるのかである。創造的な老化というのは、人生の全期間において自分があらかじめ決めておいた目標に向かって自分を律しながら生活していく過程である。そこには、活動的な長寿を迎えるために身体、心、感情、精神、経済

的に豊かな自分自身を準備するという意味が含まれる。このように、老化に関連する多くのことが自分自身の手に握られている。

世界的に広く知られている最もよい摂生方法の一つは「生物時計摂生法」といわれている。この摂生法は身体のさまざまな生理的な活動のすべては「予定された時間割」によって進行しているということを前提にしている。人間が感覚的に感じる、あるいは感じられない生理の全過程は、決まった時間的なリズムによって規則正しく進行している。「生物時計」はこのような規則性を通して身体のさまざまな活動を統制している。つまり、生物時計に合うように食べて寝て起きるような規則正しい生活をしていれば、人間は健康と長寿、知恵と幸せを得ることができるとしている。

逆に、生物時計とは異なるような生活をすれば、人間の身体は痛み、疲れ、老衰に至り、病気をし、やがては死に至る可能性が高くなるとしている。したがって、人間はできる限り、生物時計の規則に従って動く必要がある。決まった時間に仕事を終わらせ、決まった時間に休息を取り、決まった時間に食事をするように心がける。暴飲暴食は避け、悪い習慣を捨てることが望ましい。もしやむを得ないことで生物時計の規則を守ることができずに何日も徹夜をして疲労がたまっていれば、暇を見つけて十分に休息を取る必要がある。過労によって肉体的にも精神的にも精根がつき果てたならば、適切な休息を取ったほうがよい。

現代人の長寿に最も深刻な影響を及ぼす病気の一つが心疾患であるといわれているが、心臓病と血管疾患を予防するのはそれを治すほど大変なことではないであろう。油っこい食べ物と塩分の摂取を控えるとともに、適度な飲酒を心がけ、タバコを吸わずに適当な運動をして生物時計の規則をきちんと守れば、心臓病と血管疾患を予防して、健康を維持できる可能性が高くなる。高齢者になっても日々行うことの計画を立て、計画どお

りに実行する。その計画には学習と娯楽、運動時間などが適切に配分されるようにする。このように、生物時計に順応する生活をすることが長寿を実現する方法であるとしている。

## (二)　長生きしたいなら身体を動かそう

「労働は人生に味をつける塩である」ということわざがある。この言葉のとおり、労働は物質的および精神的な富を創造し、人びとに本当の豊かさとやりがいを与えてくれると同時に、健康長寿に貢献する最も重要な手段の一つである。実際に、ただ飯を食う人、怠惰な人はあまり長生きできないことが多くある。すなわち、世の中に「ごろつきの長寿者」は少ない。長寿者の多くは働き者である。彼らのほとんどは外に出て働くのが好きであり、日中に目を開けている限り、何かと手足を動かしている。一般的に、歩くのも同年代の人より速い。

老いても仕事を続ける人は青春の情熱を持って自分の仕事を立派にやり遂げる。年をとっても目的意識を持って自らの判断によって創造的な活動を続ければ、老いた身であっても生気と活力があふれるようになる。私たちの周りには老いぼれのような二〇代がいるかといえば、青春時代のような八〇代がいくらでもいる。

世界には有名な長寿村がたくさんある。グルジア共和国のコーカサス地方、パキスタンのフンザ村、南米エクアドルのビルカバンバ地域は世界三大長寿村と呼ばれている。最近は日本の沖縄にある長寿村も注目されている。世界の屋根ヒマラヤ山麓にあるフンザ村はアジアを代表する長寿村である。フンザ村の人びとの平均寿命はおおよそ九〇～一〇〇歳である。人口約四万人のフンザ村には一〇〇歳以上が一二人、九〇歳以上が九九人もいるというのに、心臓疾患、高血圧、糖尿病などの生活習慣病にかかっている人は少ない。

フンザ村のような世界有数の長寿村は高山地帯に多い。高山地帯に住む人びとは丈夫な心臓と肺を持っているために長生きするといわれている。きれいな空気も長寿によい影響を与えているが、本当の長寿の秘訣は、適当な労働と少量の食事であろう。彼らの生活をもう少し詳しく観察すると、限られた環境の中で限られた食べ物を採り、清貧な暮らしを保ち、適当な労働をしながら自然に順応して生きている姿が見られる。加えて、前向きな考え方を持ち、心穏やかに過ごすことで長生きしていると思われる。公認された世界最長寿者であったフランスのジャンヌ・カルマンさん（一八七五〜一九九七年）も穏やかな地中海性気候のフランス南部のアルルで一生を過ごした。彼女は、八五歳には家の垣根を張ったし、一〇〇歳まで自転車に乗っていたという。

農作業に勤しむ高齢夫婦

労働と寿命の関係について調べたある調査報告書によると、無為徒食する人の平均寿命は六一歳、働く人は七五歳だという。結局、仕事をする人が仕事をしない人より一四年も長生きするというわけである。それではなぜ、労働が健康長寿によいのだろうか。運動機能を司る筋肉細胞は年をとるにつれて徐々に減る。しかし、肉体労働をすれば骨細胞が活性化し、骨が丈夫になって関節運動も円滑にできる。また労働の際に筋肉が萎縮

することを阻むことができるうえ、全身の血液循環がよくなる。年をとれば手足が冷たくなって冷え症になったりする。これは血液循環がうまくできないからである。血液循環がうまくできなければ、細胞と組織に栄養素と酸素がまともに供給されなくなり、早く老いることにもなる。

ところが韓国では、伝統的な敬老孝親思想によって親に何もさせずにただ楽に過ごさせてあげることが親孝行であるという認識が根強い。しかし、これは早く死んでくれと祈るようなものである。適切に心身を動かせる仕事を与え、親自らがやりがいを感じるようにしてあげることが本当の親孝行である。韓国の一〇〇歳長寿者の多くもやはり絶えず心身を動かしているという特性がある。ソウル大学医学部の朴相哲《パクサンチョル》教授が韓国の「長寿ベルト地域」である全羅北道《チョルラ》淳昌郡《スンチャン》と全羅南道潭陽郡《タムヤン》・谷城郡《コクソン》・求禮郡《クレ》に居住する一〇〇歳長寿者を対象に行った調査によると、彼らは、①積極的に動いて、②環境に適応して、③薬と健康補助食品に頼らないで、④豊かな感性を持って、⑤何事もよく考える習慣を持っていた。

川の水も流れるから清らかになる。機械も回すから錆びつかない。同様に、活動する有機体である人間の心身も常に動かさないと健康を維持できない。人間の脳も使うほど賢くなり活力が生まれる。人間の脳は刺激を受けるほど脳細胞が活性化して老化も遅くなる。ある研究者が二〇～七〇代の二〇〇人を対象に行った調査によると、普段頭をよく使う人は六〇歳になっても思考機能があまり衰えないことが明らかになっている。そのためか、生物研究者のダーウィン（Charles Robert Darwin, 一八〇九～一八八二年）は六〇代で『人及び動物の表情について（The Expression of the Emotions in Man and Animals)』という有名な本を著した。発明家エジソン（Thomas Alva Edison, 一八四七～一九三一年）は八一歳のときに一〇三三番目の特許を取得した。

このような話は結局、年をとっても思索と探究に対する情熱が失われないようにすることが重要であるということである。作家、研究者、ミュージシャン、美術家など、年をとっても精力的に活動している人は多い。情熱と仕事、これが脳の若さの秘訣である。働く高齢者の手は本当に豊かで素晴らしい。高齢者は素晴らしい手を持つと、健康に長生きできる。年をとっても仕事をするということは、自分の健康の保持と社会に貢献できるということなので、年をとることにむしろ自負心を持つ必要がある。

## 三、高齢期の最大の敵は精神的な老化

人間は誰もが年をとって老いていく。ところが、人類史上、今のように老いと老化が軽視された時代は少ない。マスコミでは若さだけを褒めたたえ、高齢者自身も若者を真似しようと必死になる。これだと、老いと老化に対する羞恥心と挫折感が増幅し、高齢者が持つ知恵が十分に活用されずに失われてしまう。高齢者はさまざまな経験を通じて人生を豊かに生きる術や知恵を持っている。したがって、高齢者の表面的な姿だけを見るのではなく、その内面まで直視する必要がある。年をとればすべての人間は必然的に老いる存在だからである。

日本の女流小説家の曽野綾子（一九三一年〜）の『完本・戒老録―自らの救いのために』（祥伝社、一九九六年）は幸せに年をとるための秘訣を教えてくれる指南書である。彼女が四〇歳から書いたメモを集めて自分を戒めながら書いたというこの本には、「他人が何かをくれること、してくれることを期待してはならない」「してもらうのは当然と思わぬこと」「自分の生き方を持ち、他人の生き方をいいとか悪いとか決めず

に認めること」「定年を一くぎりとし、その後は新たなスタートと思うこと」「明るくすること。心の中はそうでなくても外見だけでも明るくすること」「生活の淋しさは誰にも救えない」「愚痴を言っていいことは一つもない。愚痴を言えばそれだけ自分自身がみじめになる」などなど、上手に老いるための心構えが数多く載っている。完本・戒老録は韓国で『私はこのように年をとりたい』（図書出版リス、二〇〇四年）という題名で翻訳出版された。日本では『完本・戒老録』は高齢者のバイブルとして二〇年以上にわたって読者に愛されて、四〇〇万部を超えるベストセラーとなっている。

日本と韓国はともに、従来は高齢者を敬う親孝行の国であった。そのためか、両国の高齢者は特に身体的・精神的・経済的能力が衰退するにつれ、家族や他人に対する依存度が高くなる傾向にある。老化に伴う身体的衰退によって依存度が高くなるうえ、敬老思想が強い社会であるだけに高齢者に対して周りから特別な配慮をしてくれるはずであるという考えが、逆に家族らへの依存度をより高めてしまうというのが曽野さんの指摘である。高齢者の主張を無条件に受け入れている東洋の古い価値観は、一面では高齢者を「甘えん坊」にさせてしまう。

高齢者になると、身体的・精神的能力が減退し、何事も能動的に対処するより受動的に受け入れる傾向が強まる。したがって、危険に遭遇した際にも「誰かがどうにかしてくれるだろう」という甘い考え方を持つようになる。それによって自分自身で心身の安全を守る意識が乏しくなり、事故の危険性がより高まる。

とにかく、高齢期に入ると全般的に判断力が弱まる。身体的な老化だけでなく、病気や収入の減少、そして社会と家族からの孤立など、高齢期に起こるさまざまな生活の変化は高齢者にうつ病や認知症のような精神疾患をもたらす。これにより、高齢者は精神的な緊張感も少なくなる。何よりも年をとれば思考が固まりやす

い。一般的に「思考が硬直する」という表現をするが、硬直性というのはある物事に対する判断、態度または問題解決の方法について昔のような方法や態度を持とうとする傾向をいう。このような現象は高齢者の学習能力が落ちていることにも原因があるが、新しいことを受容することは自分自身の生涯自体を否定することであるかのように思ってしまうからである。これがまさに高齢者の社会的・心理的な特性でもある。

したがって、高齢者になると行動や思考が固まることを放置しないようにする。生活を豊かにしたり、人びとと円満に過ごしたりする方法を学ぶ必要がある。くだらない心配や要らぬ不安に陥らないようにするとともに、他人と頻繁に接触して付き合うようにする。ある問題が生じた際には「どうせ老いぼれだから」と責任逃れせずに、その問題の本質を直視して円満に解決するためのよい方法を見つける必要がある。「この年齢で何ができるのか」「年寄りの私にこんな仕事をさせるなんて！」というような考え方を持っていたら元気に長生きすることは困難となる。

## （一）　希望を失ったときに老いと死が近寄ってくる

昔、ある人が五〇歳を過ぎてから家の周りに五葉松の苗木を植えた。その様子を見ていた同じ年齢の友人があざ笑った。

「君は、もうボケたのか？」

「どうして？」

「よりによって最も育ちが遅い五葉松を植えているからさ。君がその実を食べられると思うのか？」

するると、彼は言った。

「たとえ私がこの五葉松の実を食べられなくても、私の子どもたちが食べられるではないか！」

木を植えた人が八〇歳を越えた頃から五葉松の実が実り始め、彼をあざ笑っていた友人の子どもたちもその松の実を食べながら育った。

「おじいさんが生きていて、君たちがこの松の実を取って食べているところを見られたらよかったのにね」

「うちのおじいさんは寿命が短くて見られなかったんです」

「君たちのおじいさんは寿命が短かったのではなく、自分自身で命を縮めたのさ」

「どういうことですか？」

「老いたと意気消沈して死ぬ日を待つだけの生活だと命が短くなるだけでなく、自分自身と後世のために大した仕事もできないのさ。君たちは、たとえ身体は老いても心だけは老いるなよ」

この話のように、諦める人には老いと死が早く訪れてくることになるだろう。若いときに自分の目的達成と社会貢献に力を尽くした後、定年退職して高齢期を迎えると、私たちはあまりにも早く受動的な生活をしてしまう。早期退職と延びた平均寿命のおかげで、人生の約三分の一が高齢期となる。その長い時間をいかに上手に生きるかを真剣に考える必要がある。誰もがいつまでも若々しく生きることを望む。考えることは無限の可能性であり、資産であり、活動力だからである。ただ単に長く生きるのではなく、若さを長く維持することに関心を持って、それを追い求める生き方が望まれる。

人間が老いるのは自然の摂理である。生まれたその瞬間から老化は始まる。それは人間の力では決して逆らうことのできないことである。しかし、明らかなことの一つは、老化のスピードは各自の努力と関心、そして習慣によっても調節されているということである。いつも楽しく暮らし、未来指向の人生を生きると、老化を

遅らせて寿命を延ばすことができる場合がある。結局、人間の寿命は一生の間の生活習慣と考え方、価値観などによっても左右されるのである。ただし、いずれも絶対的な要因ではない。

老化を抑制する効果的な方法の一つは、年をとることに屈服して憂鬱になるより、与えられた生命を大切にして元気な心身を維持しながら、心身ともども豊かさを享受する機会をより多く持つことである。「一笑一少、一怒一老」という言葉がある。一回笑うと一つ若くなり、一回怒ると年を一つとるという意味であるが、「心が老いないと身体も老けない」という古語が、今日にも相通じる健康長寿の秘訣なのである。

## (二) 前向きな考え方が幸せな老後をもたらす

誰かが幸せに生きたのなら、それは「五福」を兼ね備えたという。「五福」とは、人間が享受できる望ましい福である。孔子が編纂した『尚書《しょうしょ》』には寿、富、康寧《こうねい》、攸好徳《ゆうこうとく》、考終命《こうしゅうめい》、すなわち長寿、富裕、平安、修徳、天寿が五福として紹介されている。これよりかなり後の清《しん》の時代に出た『通俗編《つうぞくへん》』に登場する五福は長寿、富、貴、康寧、子孫衆多の五つである。近代的な概念としての五福は、この通俗編に出ている五福であるともいえる。徳を積むだけの「攸好徳」よりは出世を意味する「貴」、自分の天寿を全うするだけの「考終命」よりは子孫が多いことである「子孫衆多」が望ましいとされているからである。

人間は年をとれば孤独になる。しかし、孤独による寂しさから抜け出す方法の選択の余地も高齢者自身にある。次に、高齢者に兼ね備えてほしい「現代版五福」を前向きに賢く享受する方法を紹介する。

① 歯が悪くなることも

老いてはほどほどに食べなければならないし、食べるときと場所をわきまえなければならない。歯が悪ければ過食しなくて済む。

② 目が悪くなることも

あれこれすべてを見ていると目だけでなく心も疲れる。目が悪ければ見たくないものは見なくて済む。

③ 耳が遠くなることも

聞こえてくるすべてのことを聞くと心身が疲れる。耳が悪ければ聞きたくないことは聞かなくて済む。

④ 物忘れすることも

忘れたいことを心に収めておくと病気になる。物忘れすると忘れたいことを忘れられる。過去を適当に忘れられる。

⑤ 白髪としわが増えることも

白髪としわは経験と知恵の産物でもあるので年配者として待遇される。心身の老化にあまりに敏感になると早く老いる。

このような「現代版五福」を前向きに享受できる思考を持った高齢者なら、間違いなく子どもらからも尊敬されて楽しい老後の生活を送ることができるだろう。なぜなら、今日の若者は高齢者が直面している困難を理解しようともせず、関心も少ないからである。高齢者が適切に節制し、聞かず、見ず、忘れて生きると、若者との摩擦を避けられるし、若者が高齢者自身に関心を寄せないからといって悩み苦しむことも減るであろう。

人間が年をとっていくにつれて必然的に経験するようになる経済的貧困、健康の悪化、役割の喪失、寂しさと孤独感からくる煩悩は、歳月がたてばたつほどよりいっそう加重される。昔の高齢者は年をとって引退しても生業に関する知識や経験が豊富だったため、町内や周りの人びとからも尊敬された。そして子どもたちを従えながら家を統率する権力があった。しかし、インターネット等から簡単に情報が得られる今日には、彼らの持つ経験や知識はほとんど無用と評価されてしまった。若者からも無視され、家族内では面倒な存在として扱われるようになっている。極端な表現をすれば、韓国の高齢者は「身体は子どもらと同居していながらも精神的には別居中」なのである。

本来、人間と牛、犬、そして猿は創造神から同じ三〇年の寿命を与えられたというドイツの寓話がある。ところが、人間だけは三〇年の寿命では短いと言い、より長く生きることを願った。他の動物は三〇年はとても長くて苦しいと言い、牛は一八年、犬は一二年、猿は一〇年に減らしてもらった。創造神がこの三つの動物から返してもらった寿命を人間に与え、結局人間の寿命が七〇年になったという。

この寓話には、人生の最後に至るまでの段階は、牛、犬を経て猿のような人生を生きるようになるという意味も込められている。動物園の猿のような境遇の老後にしないためには、高齢者自らが自分自身の考え方を変える必要がある。高齢者になるとやむを得ず迎える心身の老化さえも高齢者の「現代版五福」でもあると前向きに考えるようにしたほうがよいかもしれない。そうすると、わがままな高齢者のあらゆる泣き言は少なくなるだろう。

## (三)　生きている五感は若さの湧《わ》き水

「早く早く症候群」と言われるほどに気が短いことで有名な韓国人は、このごろ「アーリーアダプター(early adopter)」という国際用語をつくり出して、その世界的な流行を先導している。アーリーアダプターは「人より早く新製品を買って使ってみないと気が済まないという消費者群」をいう。彼らは新製品をいち早く購入して使ってみた後に、インターネット等を通してその性能と特性を知らせてくれる。アーリーアダプターは専門家、一般人を問わず、小学生に至るまで広範囲である。このような韓国人特有の旺盛な好奇心とお節介のおかげで、韓国は企業が新製品の消費者の反応をテストする「テストベッド(test bed)」国家として世界でも指折りである。

お節介で好奇心が強いこのような韓国人の本性は、高齢者になったからといってある日突然なくなってしまうことはない。年をとっても十分にその本性を維持していける。またそのためには、いくら年をとっても目耳などの感覚器官を常に磨いておく必要がある。一〇〇歳まで長生きしても新聞や雑誌を読むこともできず、横たわって天井だけを眺めるような生活だともったいない。高齢者になっても知的な活動を続けるとともに、世の中のことに常に興味を持って生きることが大切である。このような感性を維持することも長寿につながるからである。長寿には独特な処方箋はない。よく食べて、よく動いて、よく寝て、常に世の中のことに興味を持つ。このような平凡な生活の中にも長寿の秘訣が隠されている。

元気な心身を維持するためには、事物を見て判断する五感を生かすことも望まれる。視覚器である目、周りの音を感じる耳、においを嗅ぐ鼻、味をみる味覚器である舌(口)、触覚を司る皮膚を継続的に活用する必要がある。そうしてこそ活力あふれる感性を維持でき、六〇歳を過ぎても青春を謳歌《おうか》できる。五感を活用している

限り、七〇代の高齢者でも青春であるかのようである。高齢期にも五感を育てる効果的な方法の一つは性交渉力をあげることでもある。専門家らは性交渉力をあげて、五感と青春を維持するための方法を次のように言う。

◆高齢期に性交渉力を育てる方法◆

□まだ性交渉力があるという自信を持つ。
□気持ちをいつも若く持ちなさい。気持ちは心身に反映される。
□特に下半身を鍛える運動が必要である。ポテンツ（potenz）、すなわち男性の性交渉力の基本は下肢にある。
□食事の際は栄養バランスを考えて、必須アミノ酸が多いタンパク質や豆類などの質の高い植物性タンパク質の食品を摂る。
□自分が引き受けた仕事を一生懸命する。定年退職後に孫と遊ぶことに満足する人は老化が早いが、何らかの仕事をしながら喜びを感じていれば活力が増して老化が遅くなる。
□夫婦が互いを愛すれば性ホルモンがより多く分泌される。
□ユーモアは若さを維持する秘訣の一つでもある。
□病気はすぐに治療する。特に糖尿病、高血圧、心臓病、肝疾患、腎臓疾患などに留意する。

## (四)　長寿高齢者には孤独は少ない

ほとんどの人びとは定年退職後の幸せな老後の生活に備え、経済的安定と健康管理に全力を傾ける。韓国には国民年金と医療保険・医療保護という社会安全網（social safety net）があるが、「最低限」の生活のみを保障する制度である。したがって、それ以上は自分自身でほとんどの責任を負う必要がある。しかし、経済的な条件と健康だけで老後の幸せが保障されるわけではない。

老後の幸せのためには若いときから人間関係づくりとその維持にも投資をすることが大切である。元気に長生きする高齢者には情緒的な孤独は少ない。彼らのほとんどは親戚や友人などと親しい人間関係を結んでいる。常に前向きに物事を考え、ユーモアの感覚があるので、その周りに人が集まる。うつ病やストレスのために精神や身体がくたびれることも少ない。愛する配偶者に先立たれるなどの極めて大変な状況に直面しても、そのような逆境をバネにしてより強くなる。周りに自分を慰めたり支えたりしてくれる親戚や友人がいるからである。

友人が全然いない人は一人以上の友人がいる人よりも死亡率が三倍も高いという研究結果がある。友人や恋人に会えばストレスが軽くなって免疫力が高くなるからであろう。社会的な連帯感も立派な長寿の薬である。したがって内気な人は、老後にボランティア活動や宗教の集まりなどに積極的に参加することが望まれる。

## (五)　身体が健康であれば心も若くなる

オリンピックの発祥地であるギリシャのアテネの競技場の入口には、高齢者と若者を両面に彫刻した「ヘルメス柱像」が聳《そび》え立っている。この像の側面には巨大な男根がついているが、おもしろいことに、高齢者の性器は力強く立っているのに若者のそれは元気なく萎《しお》れている。これには、男らしさを維持するのは年齢ではなく運動であるというメッセージが込められている。運動をすれば年齢と関係なく身体的な若さを維持できるというのである。

現代科学の発達によって不老長寿をうたった保健食品が開発されているが、今まで知られた確かな不老長寿を維持する方法の一つは運動である。階段を前にすると心配が先立ち、杖がなければ歩く気力も出ず、早く性

生活を諦めるということになりたくなかったら、若いときから続けて運動する習慣もつける必要がある。

韓国人の平均寿命が延びて長生きするようになったことは確かに祝福するに値する。ただし問題は、単に長く生きられるのではなく、どのように長く生きるのかという「長寿の質」である。長く生きても晩年に病気を患って長く床に伏して過ごすような生活だと、長寿は決して祝福されるものではない。死ぬ瞬間まで活気に満ちた生活をしようとするならば、禁煙、節酒、ストレスを上手に管理するとともに、規則正しい運動もする必要がある。

歌手のピ（Rain）や歌手のイ・ヒョリの「セックスアピール」にファンが沸き返えるのも、締まった筋肉とバランスの取れた体つきに魅力を感じているからである。人間は年をとっても絶えず鍛錬すれば、七〇代でも元気な心身を維持できる可能性が高くなる。社団法人大韓老人会の安弼《アンピル》濬《チュン》前会長（一九三二～二〇〇九年）は、高齢者だけでなく若者にも参考になりそうな「美しく年をとる方法」について次のように語っている。

①　健康を維持しよう
高齢者が品位を保つための重要な要件の一つは健康である。年をとるにつれて心身ともに弱くなると、今日の体調が昨日とは違うことを感じるという。だからこそ、若いときから心身を鍛える生活習慣を持つ必要がある。

②　容姿を端正にしよう
人間の第一印象には容姿も影響する。外見だけがその人のすべてではないが、初めて会ったときの柔和な表情や言葉づかいが丁寧であればよい印象を与える。高齢者であればあるほどみすぼらしい格好ではなく、

気高さが感じられるような容姿が望まれる。

③　他人の言葉を傾聴し、口を慎もう

他人を助け、褒めたたえ、感謝するときの顔の表情は明るくて品位がうかがえる。自分は年配だから若者に説教してもよいと思うのは大いなる勘違いである。若者らからも学ぶことも多い。彼らの話にも耳を傾ける度量を持つ必要がある。

④　誰にも負担をかけるな

節約を強調するとけちな人に見られる。こういう人は決して若者らに歓迎されない。むしろ若い世代に負担をかける存在になる。高齢者になって誰かに負担をかける存在になってしまったら品位を保つことが困難である。

⑤　寛大で楽天的な性格になろう

高齢者になると頑固で、心が狭くなる人がいるが、より重要なことは心の余裕である。何か気に障ることがあっても寛大な心を持ち、気分がよくないときも寛大に笑う余裕を持って生きることが望ましい。

⑥　常に学び修練して時代に乗り遅れるな

私たちは日々変化する時代に生きている。だからこそ、高齢者も常に学ぶことが大切である。時代に乗り遅れないために新しい知識を習得することが望ましい。

⑦　欲望と我執を捨てよう

ごく一部ではあるが、年をとるとけちになったり欲望が強くなったりする人がいる。また自分を誇示すると自分の地位が高くなると勘違いし、いたずらに意地を張って自分の地位を誇示しようとする人がいる。そ

れは勘違いであり、大きな思い違いである。

⑧　急がずに慎重に行動しよう

一般的に、高齢者になるほど忙《せわ》しくなるという。実際に高齢者は何でも早めに準備したほうがよいと思い、あまりにも急ぐ傾向がある。そうすると行動に歪《ひず》みが生じる。したがって、何事も急がず慎重に行動する必要がある。

⑨　分け合うことと奉仕の心を忘れるな

小さなものでも分け合いながら生きていく生活を心がける。誰かにもてなしを受けたいという気持ちを捨てて、奉仕の心を持って行動すれば尊敬されやすい。人間は分け合い、奉仕するときにも幸せを感じるのである。高齢者も分け合い、奉仕する生活をすると尊敬され、品位を維持しやすい。

⑩　いつも微笑みを絶やさず何事にも感謝しよう

韓国の高齢者は厳格な儒教的な環境のなかで育ったために硬い態度が心身に沁みついている。しかし、微笑むと慈しみ深くて穏やかに見える。いつも微笑む顔、感謝する態度を持って生きることが大切である。

## 四、新しい挑戦を恐れるな

高齢者という言葉を聞くと何を思い浮かべるだろうか。高齢者は「知恵の象徴」であるという言葉のように、知恵と年輪を思い浮かべる一方で、季節の終わりで一年の総仕上げを準備する枯れ木を思い浮かべたりする。そのせいだろうか、多くの高齢者は新しいことに挑戦することをためらう。これには高齢者が新しいことに挑戦することを否定的に見る周りの視線の影響もある。加えて、高齢者に対する社会的基盤が絶対的に不足しているという現実もある。

ところで最近、このような困難を乗り越え、新しいスタートを切った高齢者たちがいる。老いていくくたびれた高齢者たちというのではなく、自分たちの声を直接にリスナーに届けようとミニFM放送局を立ち上げた高齢者たちである。二〇〇七年三月、ソウルに開局した「冠岳《クァナク》インターブルー」は、高齢者による、高齢者のための、高齢者のFMラジオ放送局である。放送局の名前には、高齢者のイメージカラーである灰色や白ではなく、若さを象徴するブルーを用いた。これには自分たちが直接つくった放送を通して高齢者に若さを取り戻そうとする意気込みが感じられる。この放送局ではプログラム企画、エンジニアリング、台本づくりなど、すべてのことを高齢者自身が直接担当している。DJやプロデューサーも当然ながら高齢者たちである。メンバーの平均年齢は六〇代後半から七〇代前半であるが、ほとんどが放送の経験がない普通の人たちである。

八〇歳を過ぎた高齢者であるにもかかわらず、化粧品の訪問販売員を続けている人もいる。㈱韓国化粧品で「コスメアドバイザー」として三〇年以上も働いている八一歳のある女性は、全国に約三〇〇〇人いる同社の

コスメアドバイザーのなかで、もちろん最高齢であるという。

精神分析者のフロイトは、人生において最も重要な要素は「仕事と愛」であるとした。韓国では一九八〇年代前半までは、高齢期はすべての仕事、愛、人間関係を清算し、死を準備する時期であるとの認識が根強かった。「社会引退説」がまさにその根拠となった。社会生活から退き、静かな隠遁《いんとん》生活を送るのが望ましいという説である。

ところが今は、それとは逆の「活動説」が主流をなしている。高齢者になっても運動と社会活動を続け、社会的役割を継続的に遂行するほうが病気にかかりにくく、長生きできるという説である。高齢者にとっては、たとえお金にならなくとも、やりがいがあり価値のある仕事のすべてが社会的な活動となるであろう。高齢期にも仕事を続ければ、生活の規則性と活力が維持されて長寿にも役立つ。アメリカ合衆国には一〇〇歳を過ぎたサラリーマンもいる。ここ数年の間、アメリカ合衆国で最高齢の「労働者賞」を受賞した人のなかには、一〇二歳の環境科学分野の教授である機械工学の研究者が含まれている。アメリカ合衆国の有名薬局チェーンであるCVS／ファーマシー（Consumer Value Stores/Pharmacy）には現在八〇～九〇代のサラリーマンが約一二〇人も働いている。

韓国でも近年、多くの高齢者が高齢者雇用事業の一つである森林ガイド、文化財の警備をはじめ、ベビーシッター、病院患者等の付き添い、高齢者介護、宅配運送業などの仕事をしている。もちろん大したお金には

仕事を求める韓国の高齢者の長蛇の列

ならないが、仕事を通して得られる活力は「プライスレス（priceless）」、すなわちお金には換算できないのである。

## （一）　仕事もできて尊敬される一挙両得の社会奉仕

最近、「愛の家造り運動」に参加するために訪韓したカーター（James Earl "Jimmy" Carter, Jr.，一九二四年〜）元アメリカ合衆国大統領（一九七七年一月二〇日〜一九八一年一月二〇日まで在任）の活発な姿は感動的だった。彼は自分が著した『老年時代─だれも気づかなかった三三の美徳』（日経ＢＰ社、一九九九年、原題は『The Virtues of Aging（老年の美徳）』）のままの行動を見せてくれた。

一九二四年生まれのカーターは、七七歳の喜寿を迎えてバーバラ・ウォルターズ（Barbara Walters）ショーに出演した際、今までの人生のなかで最高だった瞬間はいつかという質問を受けて次のように答えた。

「今ですね」

カーターはアメリカのどの歴代大統領よりも、退職後にやりがいに満ちた豊かな老後を送っている。「貧困に苦しむ人たちにきちんとした居住環境を提供する運動」であるハビタット・フォー・ヒューマニティ（Habitat for Humanity）のボランティアとして世界各国を飛び回って活動している。自分自身を必要としてくれるところがあればどこにでも駆けつけて奉仕するというカーターは、確かに幸せな老後を送っている。花は咲き綻《ほころ》んだときが最も美しいというが、散るときこそ美しい姿を見せる花も美しいのである。人生もまさにそうである。

カーターの尊敬すべき老後の生き方を見るにつけ、これからの人生をどのように生きていけばよいのか考え

させられる。カーターは彼の著書のなかで、「私たちは何を食べて生きるのかを心配するが、肝心の何をするために生きるかについては無関心である習性がある」という、ある哲学者の言葉を引用している。

いつか、知人の教授からイヌイット(3)（エスキモー）の高齢者の話を聞いたことがある。イヌイットは高齢者をとても尊敬しており、美味しい食べ物があれば真っ先に年配者のところに持って行く。村の意思決定の際にも高齢者の意見を尊重する。何も、イヌイットの高齢者が若者よりたくさん働いていたり儒教的な伝統がイヌイット社会を支配していたりするわけではない。

イヌイットの生活環境はとても厳しい。冬になるとイヌイットの食糧事情は深刻化する。酷寒が続くと食糧が底をつくことも珍しくない。村の食糧が底をつくと、村一番の年長者は静かに家を出て姿を隠す。村を出た年長者は自ら熊の餌食《えじき》になって熊をおびき寄せる。村人はその熊を捕まえて食糧にするというわけである。これはまことしやかな話だが、高齢者が自分の身を捧げて村人の命を守るという精神は立派ともいえよう。

韓国の高齢者のなかには体力と専門的な知的能力、そして時間と経済的余裕を併せ持った人が少なくない。彼らに適切な動機づけをすれば、カーター元アメリカ合衆国大統領のように、何の対価も求めずに喜んで社会のために奉仕してくれるだろう。カーターの精力的な活動は、動機づけさえすれば高齢者は社会のためにとてつもなく大きなことをしてくれる存在であるということを再認識させてくれる。問題は、社会が彼らに夢とやりがいを与えることができるのかということでもある。カーターは次のような素敵な言葉も残している。

「後悔が夢の代わりをする瞬間から私たちは老い始める」

## (二)　やることのあるところが天国

ある日、ブッダ[4]を訪ねて来たある旅人が天国に行く道を尋ねた。

すると、ブッダはこのように問い返した。

「君はどうして天国に行きたいのか」

「この世が地獄のようだからです。ですから、ぜひ天国に行ける道を教えてください」

旅人の懇願を聞いたブッダは微笑みながら答えた。

「君は仕事がないか、仕事があってもその仕事が楽しくないと思っていないか。天国に行きたければ、まずは楽しくできる仕事を見つけなさい」

元気に長生きしようとするならば、何でもよいので仕事をすることが望まれる。韓国の男性の長寿地域である全羅道のある男性は、九八歳であるにもかかわらず今でも畑仕事をしている。事実、農村地域に行ってみると、農作業をする七〇～八〇代の高齢者をよく見かける。「仕事をしている人はそうでない人より約一四歳も長生きするという研究結果もある」と前述したが、実際に長寿地域は農漁村地域に集中している。

無病息災の長寿でありたいか。だとすれば、仕事をしよう。「高齢者が働ける仕事が足りない」という現実的な問題はあるが、働けるのなら死ぬまで働いたほうがよい。お金を儲けることだけが仕事ではない。収入にこだわらなければ、ボランティアや収入の少ない仕事、高齢者のできる仕事はいくらでもある。一方的に世話される高齢者のなかには一〇〇歳まで生きられる人は少ない。働かない人は短命であり、働く人は長生きする。ブッダの教えのとおり、天国に行きたければ仕事を見つけて楽しく働いたほうがよい。

ところで、高齢者が何らかの仕事をしようと思っても、「面子」のために家族が反対する場合もある。小学

校の校長だったある高齢者の話である。彼は七〇代後半で宅配サービスの仕事を始めた。若者のようにバイクに乗るのではなく、地下鉄に乗って品物を配達する仕事である。彼はこの仕事を始めるに当たって、家族の反対を乗り越えなければならなかった。「経済的にも困っていないのに、校長までした人がどうしてそのようなきつい仕事をしなければならないのか」と、子どもたちから激しく反対されたからである。

最近、インターネットに九五歳の高齢者の手記が載っており、世間の話題になっている。その手記には高齢定年退職者という理由だけで何の仕事もせずに人生を生きてきた自分に対する後悔の念が切々と語られている。

「私は若いときに本当に一生懸命に働きました。その結果、私は実力を認められたし尊敬もされました。そのおかげで六五歳のときには堂々と定年退職しました。そんな私が三〇年後の九五歳の誕生日にどれだけ後悔の涙を流したかわかりません。

定年退職までは、誰かに悪口一つ言われたことのない人生だったのに、六五歳以降の三〇年間の私の人生は恥ずかしいだけでなく悲痛でした。残り少ない人生、これからの人生はおまけみたいなものだと思い、苦しまずに死ぬことだけを願っておりました。

はかなく希望のない毎日。そんな人生を三〇年も生きてきました。三〇年の歳月は私の人生の約三分の一にあたる長い時間です。私が退職した際に、それから三〇年も生きるということがわかっていたのなら、私は無駄な時間を過ごさなかったはずです。あのとき、自ら老いたと感じ、何かを始めるにはもう遅いと思ったのは大きな間違いでした。

私は今九五歳ですが、頭はまったく問題ないです。後一〇年、二〇年、いや、もっと長生きするかもしれま

せん。これから私はやりたかった語学の勉強を始めようと思っております。その理由はただ一つです。一〇年後に迎えるだろう一〇五歳の誕生日に、九五歳のときにどうして何も始めなかったのかと後悔したくないからです」

定年退職は人生の終わりではなく、まさに新たな門出である。残った人生の目標を立てて人生のシステムと日課を新たに設計し、定年退職を自分の人生の最高の契機にできる人が後悔のない人生を生きる人になれるのであろう。

## 五、高齢者福祉のネットワークの整備

高齢者福祉は社会が高齢者に施す恩恵だけではない。若い日々の労働に対する補償でもあるという認識の大転換が必要である。彼らは子どもたちに惜しげもなく「投資」してきただけに、社会は若い世代は彼らに「元金」を返すことも求めている。

人口の高齢化はさまざまな高齢者問題を引き起こす。個人的には所得喪失または収入減少による経済的貧困、身体的・精神的老化による健康の悪化、社会的・心理的孤立などの問題が生じる。また社会的には非生産年齢人口の増加による国民負担の増加、高齢者のための社会福祉施設等の未整備などの問題が発生する。急激な人口の高齢化に対応した、具体的な政策の展開が強く望まれる。

## （二）人生一〇〇年時代の到来と課題

一〇〇歳の寿命はもはや夢ではない。後の世代のほとんどでは、誕生日ケーキに一〇〇本を超すロウソクを立てるようになり、「一〇〇歳の恋人」たちが街を闊歩《かっぽ》する時代が到来するだろう。

はたして寿命一〇〇歳の時代にはどのような社会になっているだろうか。一〇〇歳長寿の時代に必ずしもバラ色の夢のような生活ができるとは限らない。誰かに依存して生きなければならない高齢者が増加する時代にあって、社会的な基盤が整備されなければ大きな混乱に直面するようになるからである。高齢者人口が急増すれば生産年齢人口の比重が相対的に減って、高齢者扶養の負担が大きくなる。そして老人性疾患による個人や家族の経済的・心理的負担、社会の財政的な負担が増加する。人口の高齢化が加速すれば、医療費などの社会保障費も増加する。高齢者が年金を受ける一方で、若い世代は住宅ローンの返済と子どもの教育費などで経済的困難を経験する。若い世代のなかには納税を拒否したりする者も出て、世代間の社会的葛藤が生じる場合もある。

高齢者人口の比率が高い国では、世代間あるいは世代内の国民的合意を形成するのに時間がかかる。隣国の日本でも世代間の葛藤が大きいようである。今後は世代間の葛藤だけでなく、同一世代内の葛藤も大きくなると思われる。「お金を持つ高齢者」と「お金を持たない高齢者」の間で、前例のない対立が生じることは容易に想像できる。

小説『蟻』（角川書店、二〇〇三年）、『蟻の時代』（角川書店、二〇〇三年）などで有名なフランスの作家ベルナール・ウェルベル（Bernard Werber, 一九六一年〜）の短編小説『高齢者の反乱』（『木（L'Arbre des Possibles）』に所収）には、平均寿命が延びて高齢者人口が増加する近未来の社会が次のように描かれてい

る。

レストランには七〇歳以上の高齢者の出入り禁止の立て看板がかかる。ある政治家たちは、高齢者のために国家財政が枯渇して過重な税金が賦課されると言い、反高齢者キャンペーンを行う。一定期間に子どもらが訪ねて来なかったり子どもらからの消息が途絶えたりした高齢者は、悪名高きＣＤＣＰ（Centre de Détente Paix et Douceur：休息・平和・安楽センター）に連れて行かれる。その名前とは正反対に、このセンターは高齢者を強制収容するところであり、終の棲家となる。ある高齢夫婦がＣＤＣＰに連れて行かれる途中で逃げる。これを知った多くの高齢者がＣＤＣＰから脱出して山岳地帯の洞窟で抵抗運動を展開する。しかし、彼らの抵抗は長続きしない。彼らは、政府が投下したインフルエンザウイルスに感染して、その反乱は抑えられる。

ウェルベルはこの『高齢者の反乱』のなかで高齢者を煩わしい存在としてしか見ようとしない世相を痛烈に批判している。この小説のように極端に誇張された描写ではないにしても、高齢者問題は先進諸国が抱えている最も深刻な問題の一つであり、最も解決しにくい課題の一つであることは間違いない。

『高齢者の反乱』に登場する、高齢者の抵抗運動を導いた主人公フレードは鎮圧軍に捕まって安楽死させられるが、自分に注射を打つ若者を呪いながらこう吐き捨てる。

「お前もいつかは老いるんだぞ！」

高齢者問題は、いつかは高齢者になる私たちの問題でもある。財政的な理由だけで高齢者問題の解決が困難であるならば、とても残念である。七〇歳にして愛らしい五色の斑服《まだら》を着て、幼子のように老父母を楽しませたという老莱子《ろうらいし》の故事に出てくる「斑衣之戯《はんいのたわむれ》」という言葉が懐かしい(5)。

敬老孝親思想の強かった韓国でも、近年、家族扶養体系が崩壊しつつある。生活苦のため老父母を見捨てたり、老父母の長年の介護のせいで平和な家庭が崩壊したりするケースが多発している。経済力のある中産層でさえ、老父母に仕えるのがしんどいと泣きべそをかく。社会的な高齢者福祉施策の不足とともに、家庭内の高齢者問題は深刻な水準に達している。共稼ぎ夫婦が増える時代にあって、高齢者は孫たちの面倒を見るだけの役割に満足せざるを得ない場合がある。

一方では、高齢者虐待も頻繁に発生している。保健福祉部によると、高齢者虐待の通報と相談件数は年々増加している。二〇〇五年は一万三八三六件にすぎなかった相談件数が二〇〇九年には四万六八五五件に増えた。このうち高齢者虐待として認定されたのは二六七四件であり、二〇〇五年の二〇三八件に比べて一三・一パーセント増加した。残念なことは、八五歳以上の高齢者に対する虐待の割合が相対的に高いことと、加害者の半分以上が息子であるという事実である。経済不況と生活苦などで多くの高齢者が療養施設等に追いやられ、認知症高齢者等が面倒を看てもらえない「現代版前出」まで起きている現状にあり、敬老孝親思想の根幹が揺らいでいる。「人生は六〇から」という言葉が流行してからずいぶんたつが、韓国社会では病んで力の弱い高齢者が捨てられているのである。苦しい生活を強いられている高齢者の姿は、まさに私たちの未来の姿ではないだろうかと考えさせられる。

もちろん、「孝」という儒教的な倫理だけでは高齢社会の問題は解決できない。超少子高齢社会にあって、政策的に取り組まなければならない課題が山積している。それらが解決されない限り、高齢者の未来は決して明るくない。

## (二) 絶対多数の高齢者のための社会福祉制度の向上

韓国の民法には「高齢者の扶養は直系血族およびその配偶者同士が行う」(民法第九七四条第一号) と明記されている。しかし、高齢者の扶養を規定している法律の部分を見直す必要がある。家族に扶養負担を強制するだけでは、高齢者が家族から虐待されたり排斥されたりする可能性がより大きくなるからである。家族だけでなく、成年以上のすべての社会構成員も扶養の責任を負う必要がある。それが不可能な場合には、地域社会と政府が家族と協働して高齢者の扶養を担うという扶養体系に転換することが求められる。

韓国では高齢者を扶養と恩恵の対象としてしか見ていないうえ、扶養の責任も家族だけに擦《なす》りつけている。経済の効率性と競争力が絶対的価値になっている現状にあって、高齢者は「仕方なく引き受けなければならない家庭や社会の重荷」であるとしか認識されない。これによって、高齢者が他の年齢集団と同じように享受すべき普遍的な人権が脅威に晒《さら》されている。今からでも遅くない。高齢者の人権侵害を前もって予防するために、家庭でも施設でも、高齢者が受難する問題点や虐待、人権侵害の事例を見つたら、通報して対処できる方法と制度的なシステムを一日も早く整備する必要がある。

高齢者福祉には、高齢者の異性との付き合いや再婚に対する否定的な社会通念を是正するための努力が求められる。さらに、高齢者が性的欲求や異性と付き合う欲求を満たせるようにサポートし、高齢者の生活の質 (QOL) を高めることも望まれる。親しみ、愛情、愛着は人生の大事な要素であり、高齢者の豊かな生活のための必須条件となる。再婚の前に財産問題に対する法的な協議を済ませるよう彼らに義務づけることも、熟年再婚に対する家族の理解を得られるのに効果的であろう。

## (三) 高齢者福祉は未来に対する投資

野宿しながら不幸な人生を生きていく、疎外された人びとの本能的な愛をテーマにした一九九一年公開のフランス映画『ポンヌフの恋人 (Les Amants du Pont-Neuf : The Lovers on the Bridge)』[6]が私たちを感動させた理由は、たとえ宿無しといっても愛する能力と権利があるというのを見せてくれたからである。どのような境遇にある人でも、人間的な最低限度の生活は享受する権利がある。それを保障するのが社会の役割であると同時に責任でもある。

今日を生きていく高齢者の現実ははたしてどうだろうか。疾病、貧困、無為(役割喪失)、孤独は高齢者の四重苦であるが、多くの高齢者が少なくとも一つや二つは持っている。一つだけ持っていても大変なのに、なかにはこのすべてを持っている高齢者もいる。その問題点は、高齢者が抱えているこのような問題を家庭でも社会でも大したことではないと認識しているということである。すなわち、多くの人が高齢者になると当然そうなるだろうと思い込んでいる。このような偏見は一種の年齢差別を生み、高齢者自身の問題解決や改善のための努力を諦めさせてしまう。結局、このような誤解が高齢者虐待や高齢者の人権侵害などにつながっていく。

今日の高齢者は繁栄した韓国をつくり上げてきた貴重な人々である。彼らは日本の植民地統治下で幼少時代を送り、第二次世界大戦後に日本から解放されたのもつかの間、朝鮮戦争を経験した。彼らの大多数は初等教育さえもまともに受けることができなかった。飢餓に苦しんだ「貧困世代」でありながら、親孝行を重要視してきた世代である。しかし、現在の彼らの生活はどうであろうか。逆境を乗り越え、今日の経済成長を成し遂げたにもかかわらず、その努力が自分自身にはあまり報われず、多くの高齢者が制度的な恩恵をも受けられず

にいる。韓国ではいまだに一人暮らし高齢者の約三〇パーセントが十分な食事ができず、約八割の高齢者が老人性疾患をわずらっている現実がある。

多くの高齢者は、年をとれば子どもたちに頼りながら生きていくという期待を寄せてすべてを犠牲にしてきたのに、核家族と個人主義の急速な拡大によって彼らが期待していた世話を子どもたちからろくに受けることができない。いわゆる「サンドイッチ世代」と呼ばれる現在の高齢者は、「上の世代には親孝行したのに、下の世代からは親孝行されない」と嘆きながら虚《むな》しい老後を生きている。農耕時代に生まれて情報化時代に高齢期を送っている社会的に「隔離された」彼らは、産業社会の急速な変化に上手に適応できない年代でもある。今日のように隔離された高齢者は、過去にも少なかったし今後も少ないであろう特殊な状況に置かれている階層である。いずれにせよ、高齢者は共同体の構成員であるだけでなく、尊厳を持って老後を豊かに送る権利がある。

健全な高齢社会は、高齢期にも尊厳が認められ、高齢者の役割が尊重される社会である。プライドを持ち、年輪と経験を活かしながら社会に貢献する高齢者は、社会全体に活気をもたらしてくれそうである。高齢者がこのような生き方をするためには、適切な社会的支援が必要である。韓国は福祉の水準がまだ低いので、高齢者福祉の充実のみを主張することは困難であるが、適切な支援を通じて高齢者の潜在的なパワーを開発し、それを地域社会の発展のために活用することが望まれる。このような社会的支援は現在の高齢者だけでなく、もうすぐ高齢者になる世代のためにも必要である。

## (四) 家族は高齢者の人生のなかで最も重要な要素

家族は社会の基礎単位として、社会構成員である一人ひとりの生涯において大きな影響を及ぼす。特に身体的・精神的・社会的に萎縮する高齢期は、人生のどの時期よりも家族との関係が重要となる。高齢者になって身体的能力が衰退すると、日常生活において配偶者や子どもらなどに対する依存度が高くなるとともに、社会的な役割が失われて、退職あるいは配偶者の死別などを経験し、心理的にも疎外感や孤独感を感じやすくなる。

急速な社会変動による行動の変化や価値観の混在は、高齢者と若年世代の間に葛藤を生じさせる。旧世代の高齢者は若年世代の行動と価値観を理解しにくい。子どもと一緒に同居する高齢者は、同居する子どもとは頻繁に接触するが、離れて暮らしている子どもらとは話したり会ったりする機会がめっきり少なくなる。

家族は高齢者に経済的・心理的・情緒的な安定をもたらす第一次集団である。だからこそ、高齢期の円満な家族関係は高齢者の生活の質（ＱＯＬ）や幸せな老後の生活を決定付ける重要な変数である。核家族の空虚さを補うために仮に大家族制にもどすにしても、社会と生活構造があまりにも変わってしまった。しかし西洋では近年、大家族に対して郷愁と関心を寄せているようである。私たちはこの変化に注目すべきだろう。

年老いた親を邪魔者扱いして関心を示さず排除することは姥捨山《うばすて》と同じであり、死を早めることになる。いくら困難な状況であっても高齢者を決して厄介な存在として冷遇せず、常に愛情を持って接することが望まれる。高齢者に、高齢期は疎外される時期ではなく、「豊かな人生」「人生の完熟期」であると認識してもらうためには、家族、地域社会、政府が支援しなければならない。例えば高齢者の愛と性の問題に関する持続的な教育を、今の高齢者だけでなく次世代に高齢になる者にも行う。そうすれば、長寿はもはや「苦痛」ではなく

「祝福」となろう。高齢者も自ら学び訓練する努力を怠ると不幸な老後を迎えるだろう。幸せな老後にするか、不幸な老後にするかは、まさに高齢者自身の生き方にかかっている。

## 六、死ぬ前に必ずやりたいこと

「私たちが最も後悔するのはやったことではなく、したいのにできなかったことである」

この言葉は二〇〇八年に封切られたアメリカ合衆国映画『バケット・リスト―最高の人生の見つけ方（The Bucket List）』のなかで、死の宣告を受けた二人の高齢者が交わした会話の一幕である。

実直な自動車整備工のカーター（役者：モーガン・フリーマン）と、一代で莫大な富を築いた傲慢《ごうまん》で孤独な実業家のエドワード（役者：ジャック・ニコルソン）はガンで入院した病室で出会い、ともに余命半年の宣告を受ける。二人はあるがままの自分とその自分自身がしてきた選択を受け入れ、残された人生に生きる意味を見いだそうとする。そんなある日、カーターはかつて恩師から教わった〝棺おけに入るまでにやっておきたいこと〟である「バケット（棺おけ）リスト」

アメリカ合衆国映画『バケット・リスト』の一場面
（左がエドワード、右がカーター）

を書き出してみる。それを見たエドワードはそのアイディアが気に入り、バケット・リストを実行しようと二人で病院を抜け出して人生最後の旅に出る。狩り、入れ墨、カーレース、スカイタイビング、涙が出るまで笑うことなど、二人は旅をしながらさまざまなことに挑戦する。その過程で二人は人生の喜び、人生の意味、笑い、感動、そして友情までを再発見し、人生で何が一番大切なものなのかを見つけることになる。

この映画のように、世界一周をしながら夢を実現するようにはいかないとしても、人間はみな、年をとっても叶えたい夢を持っている。若いときには仕事、結婚、財産などの成就に対する渇望がより強い。一方、年をとれば成就に対する渇望よりは安楽な老後を送りたいという安寧に対する渇望のほうが強くなる。ある人は家族や社会から尊敬される高齢者になりたいであろう。妻または夫と二人で仲睦まじく老後を過ごしたいとか、年長者として社会的な役割を持って社会貢献活動をしたいという夢を持っている人もいるだろう。

人生の最後の夢を実現するのも大切だが、美しく死ぬための準備をすることも大切である。人生の仕上げのための準備は一つや二つではない。妻や夫に先立たれる可能性が大きくなると、一人で過ごす練習をする必要がある。自分が先にあの世に行くことに備え、愛する家族と別れる準備もする必要がある。もし子どもたちがもめるような財産があるならば、法的な要件を満たした遺言状を作成しておくことも必要である。子どもたちとの人間関係を美しく整理することも大切である。子どもとは遠くも近くもない負担の少ない人間関係をつくっておく。近年は、親子間の人間関係は「スープの冷めない距離」が理想だとされる。自分の心身の調子を観察することも重要である。年をとれば病気と上手に付き合う必要があるからである。

このように一つずつ美しく死ぬための準備をしておけば、いつ死が訪れても怖くなく、心穏やかに迎えることができる。人間は誰もが老いるが、年をとっていく姿はさまざまである。老いるということをどのように受

け入れて、どのような準備をしたのかによって死にざまがそれぞれ異なる。誰もが素敵に年をとって美しく老いたいと願い、夢を叶えたいと思っている。その夢が何であろうが、高齢者になってからも実現したい夢であるなら、今この瞬間から自分の生きざまを能動的に変えていく必要がある。

## (二)　年をとっても厚遇される一〇の秘訣

老いぼれは世の中から冷遇されやすい。社会に貢献することが少なくなったからである。したがって、自分の品格と役割を保つための努力をしなければ若者に無視されるであろう。巷には「年をとっても厚遇される七つの秘訣（seven up）」のアップグレードバージョンである「熟年人生十戒」が出回っている。それを聞いてみると、高齢者に必ず必要な言葉が並んでいる。それらを収集して、以下に「年をとっても厚遇される一〇の秘訣」として整理してみた(7)。

①　整理整頓（clean up）

年をとるほど自分自身の身辺と家の中を綺麗にしなければならない。一生の間に蓄積された生活習慣と不必要なものを思い切って捨てる。

②　身嗜《みだしな》み（dress up）

老いると小汚くなりやすい。いつも身嗜みに気を遣い、身体を鍛え、お風呂に入る。衣服も綺麗で清潔なものに着替える。

③　対外活動（move up）

動かなければ心身ともに衰える。家の中に閉じ込もらずに何かの集まりに参加する。世の中の情報が得られるだけでなく新しい人との出会いもある。

④　言葉の節制（shut up）

口は閉じるほどよく、財布は開くほど歓迎される。どこでも口を慎み、批評よりは他人に有益な話をするように心がける。知恵のある言葉やユーモアは人を楽しくさせる。

⑤　自分の役割（pay up）

仕事にしてもお金にしても自分なりの役割を果たす。人情とお金を先に施す人が尊敬される。自分がしたくないことは他人に押しつけない。いつも他人からもてなしを受けるだけだと自分がみじめになるだけである。

⑥　諦め（give up）

健康、仕事、家族、夫婦、子どもの問題など、自分の思うがままにいかないのが世の常である。諦めてもよいことは思い切って諦めるのが賢明である。

⑦　生涯学習（leaning up）

学ぶことに年齢はない。机やパソコンの前でもいつも勉強する姿勢を忘れない。新しい知識や新しい情報を習得しないと時代の落伍者になる。

⑧　ロマンと趣味（romance up）

たとえ苦難の人生であってもロマンを持つ。常に夢を見て希望を抱いて生きると老いても青春となる。自

然を愛しながら自分が好きな趣味活動に専念することも、幸せ三昧に至る道の一つである。

⑨　奉仕（service up）

一生を社会の恩恵を受けながら生きてきた。残り少ない人生を、これからは他人のために奉仕しながら生きよう。自分が先に施すと自分に福が戻ってくることもある。

⑩　虚心謙遜（mind up）

無心になれ。欲を捨てれば謙遜することができ、無心になれば世の中が明るく見える。人生を達観すれば心の平和と健康を享受できる。自分自身を律し、常に平常心を持つ。

## （二）　準備された老後を夢見る

近頃、テレビで人間の寿命に関する特番があった。アメリカ合衆国のある研究結果によると、人間は二〇二〇年には一二〇歳、二〇五〇年には一五〇歳まで生きられるというのである。

「あぁ、私も一五〇歳まで生きられるのね！」

このように喜びの歓声をあげたのか、それとも年老いてやることもないだろうにこれだけ長い歳月をどうやって生きればよいのかと心配したのか。喜びの歓声をあげようが悲鳴をあげようが、私たちの寿命が大きく延長されるということは、私たちが受け止めなければならない現実でもある。

千年万年生きて世の中のあらゆる喜びを享受してみたいと思うのは、すべての人間の願望であり本能である。ときには苦しく、ときには悲しく、癒えることのない傷を抱えながら生きるとしても、無病息災の長寿に向けた人間の努力は止むところを知らない。生活が豊かになり、医療技術が進歩するにつれ、韓国人の平均寿命も

八〇歳を超えた。ガンの征服は時間の問題だろうともいわれ、不老長寿の新薬を見つけるのに役立つであろうヒトゲノムなる遺伝子が生命の神秘を解き明かすだろう。したがって、いつかは一二〇歳、あるいは一五〇歳以上に人間の寿命が延びることは現実味のある話であろう。

再び、「どれだけ長く生きるのか」ではなく、「どのように年をとっていくのか」という問いに戻ることになろう。しかし、現代人の多くは、人生の終わりを省察するにはあまりにも余裕のない日常生活を送っている。いつの間にか高齢期が自分たちの鼻先に迫り、なし崩し的に進む心身の老化と社会的な断絶などのさまざまな変化を経験しながら惨めな老後を迎えることになる。

超高齢社会に急速に突入していることを考えると、問題はもっと複雑である。産業情報化社会の進展によって仕事から退いた高齢者の生活保障をどうするのか。平均寿命の延長によって必然的に発生する要介護者等の介護を誰が担うのか。伝統的な家族扶養機能が衰退する状況にあって、誰が扶養機能を果たしてくれるのか。社会による高齢者介護の負担が増大した際、それが経済成長に及ぶ否定的な影響にばかり気を取られ、老人福祉政策が後回しにされないだろうか。このようなさまざまな問題が恐怖として私たちに近づいてきている。

日本のシニアルネサンス財団の調査によると、定年退職後に私たちに与えられる自由時間は約七万時間だという。六〇歳に定年退職して八〇歳まで生きた場合の二〇年間、食事と睡眠に要する一日一四時間の生理的な時間を除くと、約七万時間の自由時間が生まれるわけである。与えられたこの七万時間をどのように使うのかによって、個々人の人生の色合いが明るい希望の光に満ちたり憂鬱な陰に覆われたりする。あなたは、自分自身の老後のキャンバスにどのような色を塗りたいのか。

美しい老後のためにただ年をとっていくという消極的な考え方はもう捨てよう。一〇〇歳長寿社会が実現さ

れる未来には、自らの手でそれをつくり上げれば人生を享受できるという考え方が必要である。一〇〇歳長寿社会の未来の自画像は自分たちが描かなければならない。「準備された老後」が必要な理由がここにある。

注

（1）日本でよくいわれている、いわゆるＰＰＫ（ピンピンコロリ）に似ている。

（2）中国漢方（中医学）の立場から書かれた書であり、江戸中期の一七一三年に儒学者・貝原益軒《かいばらえっけん》が著した大衆衛生書『養生訓』とは別のものである。

（3）日本では一九八〇年代以前には、カナダやアラスカなど北極圏に住んでいる人たちのことを「エスキモー（eskimo）」という名称で呼んでいた。ところがカナダでは、「生肉を食べる者」を意味する「エスキモー」という呼び方は差別表現だとし、「イヌイット（inuit）」という呼称が一般的に使われている。日本ではそれに従って、一九九〇年前後から一部のマスコミや教科書では「エスキモー」をやめて「イヌイット」という呼称を使い始めている。

（4）「ブッダ（buddha）」は、悟りを開いた者の総称である。狭義では仏教を開いたお釈迦さまを指してブッダとしているが、広義ではブッダはお釈迦さまを含めた悟りを開いた者を総称している。

（5）老莱子は七〇歳になっても斑模様の派手な服を着て、子どもが泣くように泣いたり、両親の前で踊ったり、わざと転んだりして両親を楽しませたという。それは、息子自身が年をとってしまったことを両親に悲しませないように、また親自身に自分がかなり年をとったと思わせないようにするためだった。

（6）パリのポンヌフ橋の下で暮らす天涯孤独のホームレスの青年と、空軍大佐の娘でありながら、恋の痛手と生涯治る見込みのない目の病を抱える女子画学生との純愛を描いた映画である。美しいポンヌフ橋で繰り広げられる二人の恋物語は、人間は絶望的な放浪の毎日であっても本能的に愛し合えることを示唆してくれる。

（7）巷に出回っている言葉を拾い集めて、原著者が整理したものである。

# 著者と翻訳者のあとがき

高齢期になると、会社を退職する、あるいは子どもが自立して子育てに一段落ついたり家族と離別したりする老後を迎える。高齢者たちのなかには、それから先の人生の目的や生き甲斐を見失って、侘《わび》しさや虚《むな》しさに悩み、さいなまれる人びとが多い。韓国も日本も長寿社会を迎えて、高齢者は人生の約三分の一にも相当する高齢期を過ごさねばならなくなった。また、これから高齢期を迎える多くの人びとも、高齢期をどのように過ごすかについて明確なビジョンやプランを持たないまま現在の生活に追われるうちに、やがて高齢期を迎えることになる。

本書により、高齢者自身がまず、これまで高齢者に対して染みついている社会や家族からの偏見や誤解、そのために自己暗示をかけて、我慢しながら鬱々《うつうつ》と老後の生活を過ごしていることに気づく必要がある。高齢者自身には老いることに対しての罪悪感や嫌悪感などが植えつけられ、そのすべてを負の遺産として本人のみならず社会や家族からも背負わされて、生き甲斐や自らの居場所を見失いかけている。しかしそれらは、今日まで人類の歴史に蓄積され継承されてきた高齢者像でもある。しかし二一世紀からの長寿社会においては、高齢者ならびに将来の高齢予備世代のために新たな高齢者像を創造し展開しなければならない。本書はそれを高齢者たちだけでなく、社会全体にも呼びかけている。

このたび、われわれは『성은 늙지 않는다』（東亜日報社、二〇〇八年）を日本で翻訳出版する機会を得た

が、本書は二一世紀からの長寿社会における新たな高齢者像の創造と展開を日本に向けても提唱している。高齢者の愛と性は、老いとともに消滅するようなものではない。若者らにとっても未知の領域である高齢期において、高齢者自身が自分自身の将来の高齢者像に向かって羽ばたく必要がある。既存の高齢者像の世界から脱皮して、新たな高齢者像の世界を創造して展開するためには、どのような高齢期を生きるかだけでなく、何のために生きるのかについても本書から学び、高齢者とともに若者自身もそれを考えながら現在の生活を送っていただきたいと思う。

韓国も日本も、第二次世界大戦後に奇跡的な経済復興を成し遂げた国であり、世界で最も近い隣国で、その文化も社会環境も最も類似している。つまり、お互いを鏡のようにして眺めれば、自国自身を改めて振り返り、互いの真実の姿を知ることができる。つまり、韓国の高齢者の姿は、現在あるいは近い将来の日本の高齢者の姿でもある。

両国の高齢者は過去の大戦後から、イソップ童話の「アリとキリギリス」のアリのように、常に将来のために働き続けてきた。その多くの高齢者が、青春を謳歌してきた若い世代のキリギリスにいつまでも貢いできたあげく、結婚してから高齢期を迎えるまで一度もキリギリスになることができないままに、厳しく寂しい高齢期を迎えている。多くの両親がアリのように、高齢期になるまで会社や子どもたちだけに愛情を注いでひたすら働き続けてきた。しかし、子どもたちは子どもたちで両親の期待や受験などに圧迫されながら、小さい頃から両親からの援助がなくては自らの自立生活が送りにくくなっている。さらに、親であるアリたちは常にキリギリスからすねをかじられながら、高齢期を迎えてしまう。幸いにして高齢期になってキリギリスに転身できたほんの一部のアリを除いて、多くの高齢のアリはアリ自身の会社や子どもたちの世界からも追い出されて、

どこにいようとも一人暮らしのアリのようになってしまい、自らの孤独の不安や心配に悩まされ続けている。大戦後の奇跡的な経済復興を支えた高齢者は、食べ物などが不足して餓死するような悲惨な時代ではなく、平和を享受する二一世紀の長寿社会に生きているにもかかわらず、相変わらず一匹のアリのままで我慢して諦めて人生の高齢期を過ごしている。

本書『老いない愛と性―豊かな高齢期を生きる―』は、今こそ「目覚めよ、高齢者」と提唱して、まず高齢者自身が自らの人生を謳歌することを奨励している。愛と性を満喫しながら青春を謳歌している若い世代のように、高齢者も愛と性を高齢期にも謳歌することができるのである。一度きりしかない人生である。これからの長寿社会では、高齢者は高齢期を謳歌する当然の権利がある。新たな高齢者像の創造と展開に向けて、高齢期にも人生を謳歌しようではないか。

韓国と日本の両国ともに少子高齢社会に対する近年の社会保障制度により、高齢者に対する社会支援が整備されつつある。高齢者になってたとえ介護を要する状態になっても、自らが安心した生活を送れるように、介護の社会化に向けて日本では二〇〇〇年から、韓国では二〇〇八年から介護保険制度が実施された。その介護保険制度をよりよく知ることで、両国の高齢者の手元に介護サービスが社会や家族から届けられるようにと、著者と翻訳者らにて、韓国では『日本の介護保険制度（일본의 개호보험제도）』（學現社、二〇〇六年）を出版し、日本では『韓国介護保険制度の創設と展開』（ミネルヴァ書房、二〇一〇年）を刊行した。

その介護保険制度の創設と展開とはまったく逆方向に、社会においては急速な核家族化と個人主義が浸透して家族介護力がますます低下し、高齢者は最も身近である家族や子どもたちからの支援を失って孤立していることが多い。今まで彼らを最も頼りにして頑張ってきた高齢者であるが、自らの人生設計を練り直す必要があ

る。このような時代だからこそ、まず高齢者自身が既存の高齢者像や潜在意識を転換して、高齢期だからこそ新たに生まれ変わることができるという高齢者像を創造して展開していただきたいと思う。

著者は韓国老人福祉学会の創設者でもあるが、高齢者福祉ならびに介護保険制度の専門家であるからこそ、韓国の高齢者像の将来を見越して本書を韓国で刊行した。日本でも高齢期に人生を謳歌できる高齢者像の創造と展開を提唱するために、日本語の翻訳校閲者は著者に日本で本書を出版することをお願いしたのである。本書の刊行に関して、韓国の東亜日報社から日本への翻訳出版権の締結ならびに韓国政府の（前）保健福祉部長官の車興奉《チャフンボン》（차흥봉）氏のご推薦と韓国老人福祉学会の李根弘《イクンホン》（이근홍）会長からのご支援を賜ったことに心から感謝申し上げる。大学教育出版の佐藤守社長ならびに編集部の安田愛さまには、本書の日本語への編集校閲を通じて、韓国から日本に向けて高齢者福祉の架け橋を構築していただいたことに感謝したい。

韓国では近年、世界最速で人口の少子化と高齢化が進展しており、本書のような高齢者の悩みが日本よりも急激に深刻になっている。それらを解決するには、グローバルに世界を見渡しても、まずは韓国と日本というお互いの隣国から高齢者福祉の架け橋を構築して、将来に向けた新しい高齢者像の創造と展開を探求することが望ましいであろう。われわれはこれから高齢期に達しようとしている世代ではあるが、本書にて世界に向けて高齢者福祉の架け橋を構築する使命感を共有しながら本書の出版を企画した。今回は、まず韓国と日本に高齢者福祉の架け橋を構築するために、著者林春植からの原書の一部に改訂と修正を加えながら、主に韓国語翻訳は宣賢奎があたり、その日本語翻訳校閲は住居広士が担当した。本書の日本語の翻訳出版では可及的にジェンダーとエイジズムには配慮したが、至らぬ点は、やがてわれらが高齢期を迎えた時に、続編を刊行することにて補いたいと思っている。ご指導とご鞭撻をお願いしたい。

今われわれは、全世界的に見ても急速に長寿社会となった両国から誕生する高齢者像に合った長寿社会の構築を、やがては世界に向けてもグローバルな長寿社会の展望をしていかねばならない時代を迎えている。さまざまな人生を歩んできた高齢者が、命のある限り「愛と性」を享受して人生を全うしたいと思うのは当然の願望である。高齢期になっても「愛と性が老いない」ように、現在の高齢者たちとともに、やがて高齢期を迎えるわれわれの世代も協力して、将来に向けて明るく豊かな長寿社会を生きられる新しい高齢者像を創造し展開していきたいものである。

二〇一一年九月一日

著者・翻訳者一同

# 参考文献

【韓国語での参考文献一覧】
・ニコス・カザンチャキス（イ・ユンギ訳）『ギリシャ人ジョルバ（Zorba the Greek）』ヨルリンチェクドゥル、二〇〇八年。
・ベルナール・ウェルベル（イ・セウク訳）「高齢者の反乱」『木（L'Arbre des Possibles）』に所収、ヨルリンチェクドゥル、二〇〇三年。
・マリー・パイパー（コン・キョンヒ訳）『もう一つの国（The Shelter of Each Other : Rebuilding Our Families）』モセク、二〇〇〇年。
・李相一『面白い老人の話』ドゥレメディア、二〇〇〇年。
・警察庁『犯罪白書』二〇〇九年。
・現代経済研究院『シニアルネサンス（Senior Renaissance）時代の到来』二〇〇六年。
・国民年金管理公団「中・高齢者の経済生活および老後の準備実態調査」二〇〇九年。
・統計庁「二〇〇七年高齢者統計」二〇〇八年。
・統計庁「二〇〇九年高齢者統計」二〇一〇年。
・「ニューズウィークアジア版」二〇〇二年一〇月号。

【日本語での参考文献一覧】
・オスカー・ワイルド（西村孝次訳）『幸福な王子（The Happy Prince）』新潮社、一九六八年。
・ゲール・シーヒ（田口佐紀子訳）『ニュー・パッセージ新たなる航路―人生は四五歳からが面白い―（New Passages : Mapping Your Life Across Time）』徳間書店、一九九七年。

・佐橋慶女『おじいさんの台所』文藝春秋、一九八四年。
・ジミー・カーター（山岡洋一訳）『老年時代―だれも気づかなかった二三の美徳（The Virtues of Aging）』日経ＢＰ社、一九九九年。
・シモーヌ・ド・ボーボワール（朝吹三吉訳）『老い（La Vieillesse）』人文書院、一九七二年。
・曽野綾子『完本・戒老録―自らの救いのために』祥伝社、一九九九年。
・プラトン（藤沢令夫訳）『国家（Politeia）』岩波文庫、一九七九年。
・厚生労働省「平成二一年度離婚に関する統計」二〇一〇年。
・総務省「高齢者推計人口」二〇一〇年。
・総務省「平成二〇年通信利用動向調査（世帯編）」二〇〇九年。

**【その他での参考文献一覧】**

・アメリカ合衆国『行動医学会報』二〇〇七年。
・Esping-Anderson, G., (1999), The three worlds of welfare capitalism, princeton, NJ: Princeton University Press.
・A.キンゼイ『キンゼイ報告（Sexual Behavior in the Human Male）』一九四八年（永井潜・安藤画一『人間に於ける男性の性行為』コスモポリタン社、一九五〇年）。
・A.キンゼイ『キンゼイ報告（Sexual Behavior in the Human Female）』一九五三年。
・孔子『尚書』（池田末利『尚書』集英社、一九七六年）
・国際連合『World Population Prospects』二〇〇七年。

## 高齢者の愛と性に関する書籍一覧

**【韓国語での関連書籍一覧】**

・イム・ジャンナム『老人の性教育プログラムの理論と実際』大旺社、二〇〇八年。

・キム・クァンテ／クァク・ヒョングン「老人の性生活の知識と態度に関する研究」『現代社会と行政』第一三巻第二号、八三～一〇九ページ、二〇〇三年。
・キム・トンイル「老人と性」『家族と文化』第二巻、五三～六八ページ、一九九七年。
・キム・ミョンエ「老人の性と性機能障害に関する考察」『啓明看護科学』第二巻第一号、四七～五七ページ、一九九八年。
・チョン・ユンモ「老人の性の問題の解決のための社会福祉的アプローチに関する研究」『韓国矯正福祉』第八号、一二五～一四一ページ、二〇〇七年。
・パク・ミジャ『高齢男性の性の実態と鬱』韓国学術情報、二〇〇七年。
・ユン・カヒョン「老人と性─結婚生活と独身─」『社会研究』第五巻第二号、一一三～一三〇ページ、二〇〇四年。

## 【日本語での関連書籍一覧】

・阿部初枝『たまゆらの─老人の性を考える』日本看護協会出版会、一九八一年。
・荒木乳根子『在宅ケアで出会う高齢者の性』中央法規出版、一九九九年。
・荒木乳根子『Q＆Aで学ぶ高齢者の性とその対応 基礎から学ぶ介護シリーズ』中央法規出版、二〇〇八年。
・荒木乳根子・井口数幸『性と愛─セクシュアリティ』中央法規出版、一九九五年。
・諫山陽太郎『家・愛・姓─近代日本の家族思想』勁草書房、一九九四年。
・石浜淳美『間違いだらけの中高年の性─高齢化時代の性を考える』彩図社、二〇〇四年。
・市川りんたろう『老人愛』雲母書房、一九九九年。
・内山みち子『美しき年輪のために─愛と真実の老後』白石書店、一九八八年。
・大慈弥俊英『マチュレーションSex─成熟した性への道』光書房、一九八二年。
・梶博久・吉沢勲『老人の性』中央法規出版、一九八八年。
・菅野国春『もういちど生きる─小説「老人の性」』河出書房新社、二〇〇一年。
・河野友信『高齢化社会の病』医学書院、一九九二年。

・岸香里『おどる老人病棟―愛しの患者さんたち』青春出版社、一九九八年。
・小島功『一〇〇パーセントの夫婦愛―夫とのいい関係を作る八十の話』芸術生活社、一九八八年。
・小林照幸『熟年性革命報告』文藝春秋、二〇〇〇年。
・小林照幸『熟年恋愛講座―高齢社会の性を考える』文藝春秋、二〇〇四年。
・島津亘『中高年からの生と性』創知社、一九九五年。
・総合女性史研究会『日本女性の歴史 性・愛・家族』角川書店、一九九二年。
・曽野綾子『老いの才覚』ベストセラーズ、二〇一〇年。
・高橋朋子・臼井和恵『老いを愛しむ―私のエイジングノート』酒井書店、二〇〇〇年。
・高見沢潤子『愛することの発見』玉川大学出版部、一九八一年。
・高柳美知子『性行為抜きに老後を語れない』茉莉花社、二〇〇四年。
・高柳美知子『老いてなおステキな性を―高齢期の男女の関係性を問う』かもがわ出版、二〇〇五年。
・日本性科学会セクシュアリティ研究会『カラダと気持ち―ミドル・シニア版四〇～七〇代セクシュアリティ一〇〇〇人調査』
三五巻、二〇〇二年。
・樋口恵子『愛しきは老い―文学の中の老人たち』PHP研究所、一九七九年。
・日野原重明『一〇〇歳になるための一〇〇の方法』文藝春秋、二〇〇九年。
・まついなつき『愛はめんどくさい』幻冬舎、二〇〇五年。
・三好春樹『老人介護 じいさん・ばあさんの愛しかた』新潮社、二〇〇七年。
・村上たかし『老人の性』ぶんか社、一九九九年。
・メリリーワイズボード（辻信一訳）『わたしは老いる あなたは？』新宿書房、一九九八年。
・吉田鈴香『熟年とエロス』扶桑社、二〇〇四年。
・吉村葉子『結婚しても愛を楽しむフランスの女たち結婚』双葉社、二〇〇四年。
・ロバート・N.バトラー／マーナ・I.ルイス（清水信訳）『六十歳からの愛と性』社会保険出版社、一九八六年。

【英語での関連書籍一覧】


・Ermie J, Zelinsk, How to retire happy, N.Y.: Wild and Free, 2004.

・Francis Turner, Mental Health and The Elderly, N.Y.: The Free Press, 1992.

・Harry R. Moody, Aging, N.Y.: Pine Forge press, 2005.

・Marian Barnes, Care, Communities and Citizens, N.Y.: Longman, 1997.

・Susan Tester, Community Care for older People, N.Y.: Macmillan Press Lid., 1990.

・Robert C. Atchley, Social Forces and Aging, N.Y.: Wadsworth, Inc., 2005.

・Robert H. Binstock, Ethel Shanas D., N.Y.: Ven Nostrand Company, 1986.

・Russell A. Ward, The Aging Experience: An Introduction to Social Gerontology, N.Y: J. B. Lippincott Company, 1989.

・William C. Cockerham, This Aging Society, N.Y.: Prentice hall. 2006.

## ■著者紹介

林　春植（いむ・ちゅんしく、Choon-Seek Rim、임춘식）

1949年　韓国生まれ。

1976年　慶熙大学文理学部卒業。

1983年　台湾 Chinese Culture University 大学院修了、社会学博士。

1983年　台湾 Chinese Culture University 客員教授。

1983年　台湾国立中央研究院研究員。

1984年　韓南大学社会福祉学科教授。

1999年　米国 University of Pennsylvania 客員教授。

2008年　中国 LiaoLing University 客員教授。

2009年　台湾 Taiwan University 客員教授。

現　在　韓南大学行政福祉大学院長、韓国老人福祉学会名誉会長、平和シルバーハウス代表理事ほか。

主　著　『三民主義理論と實際』（単訳）白洋出版社（韓国、ソウル）、1984年。

『社會問題』（単訳）裕豊出版社（韓国、ソウル）、1986年。

『現代社會の諸問題』（単著）裕豊出版社（韓国、ソウル）、1992年。

『現代社會の人間疎外』（単著）韓南大学出版部（韓国、大田）、1997年。

『現代社會と社會福祉』（単著）裕豊出版社（韓国、ソウル）、2000年。

『比較社會福祉論』（単訳）裕豊出版社（韓国、ソウル）、2001年。

『現代社會と老人福祉』（単著）裕豊出版社（韓国、ソウル）、2001年。

『世界の社會保障』（共著）裕豊出版社（韓国、ソウル）、2002年。

『高齢化社會の挑戰』（単著）ナナム出版（韓国、ソウル）、2003年。

『韓國老人福祉の新しい挑戰』（共著）學現社（韓国、ソウル）、2004年。

『世界老人福祉政策』（共著）學現社（韓国、ソウル）、2005年。

『日本の介護保険制度』（共訳）學現社（韓国、ソウル）、2006年。

『社会福祉学概論』（共著）學現社（韓国、ソウル）、2007年。

『老人福祉学概論』（共著）共同体（韓国、ソウル）、2007年。

『性は老いない』（単著）東亜日報社（韓国、ソウル）、2008年。

『老人長期療養産業の理解』（共著）良書院（韓国、ソウル）、2009年。

『雪の花びら―電動タイプで克服した障害―』（共訳）人間と福祉（韓国、ソウル）、2009年。

『韓国介護保険制度の創設と展開』（林春植・宣賢奎・住居広士）ミネルヴァ書房、（日本、京都）2010年ほか　多数。

## ■翻訳者紹介

宣　賢奎　（そん・ひょんぎゅ、Hyeon-Kyu Seon、선현규）

1965年　韓国生まれ。

2003年　東北大学大学院経済学研究科博士課程後期修了、博士（経営学）。

2004年　東日本国際大学助教授。

2007年　共栄大学国際経営学部准教授。

2010年　共栄大学国際経営学部教授。

現　在　共栄大学国際経営学部教授、韓国老人福祉学会理事、韓国ケアマネジメント学会理事、日本保健福祉学会幹事ほか。

主　著　『現代社会と地域福祉』（共著）中央法規出版、1999年。

『介護ビジネスマーケティング戦略』（共著）協創出版、2000年。

『医療介護とは何か』（共著）金原出版、2004年。

『介護福祉思想の探究』（共著）ミネルヴァ書房、2006年。

『日本の介護保険制度』（共訳）學現社（韓国、ソウル）、2006年。

『介護ビジネスと自治体政策』（単著）大学教育出版、2006年。

『老人長期療養産業の理解』（共著）良書院（韓国、ソウル）、2009年。

『介護ビジネス経営戦略』（単著）久美出版、2009年。

『雪の花びら―電動タイプで克服した障害』（共訳）人間と福祉（韓国、ソウル）、2009年。

多数。

住居　広士　（すみい・ひろし、Hiroshi Sumii、스미이 히로시）

1956年　広島県生まれ。
1982年　鳥取大学医学部卒業。
1987年　岡山大学大学院医学研究科修了、医学博士。
1993年　岡山県立大学短期大学部助教授。
1998年　ミシガン大学老年医学センター留学（文部省在外研究員）。
2000年　広島県立保健福祉大学教授。
2005年　県立広島大学人間福祉学科教授。
現　在　県立広島大学大学院教授、社会福祉士・介護福祉士、日本学術会議連携会員、日本介護福祉学会・日本保健福祉学会・日本在宅ケア学会理事ほか。
主　著　『介護モデルの理論と実践』（単著）大学教育出版、1998年。
『アメリカ社会保障の光と陰』（編訳）大学教育出版、2000年。
『介護保険入門書』（編集代表）インデックス出版、2002年。
『介護保険の経済と財政』（共編著）勁草書房、2006年。
『介護保険における介護サービスの標準化と専門性』（単著）大学教育出版、2007年。
『日本介護保険』（編訳）中国労働社会保障出版社（中国、北京）、2009年。
『介護福祉用語辞典』（編集委員代表）ミネルヴァ書房、2009年。
『アジア系アメリカ人の光と陰』（単訳）大学教育出版、2010年ほか　多数。

## ■協力者

影山佳奈・小林恵子・（故）坂本忠次・坂本法子・澤田　如

# 老いない愛と性
## —豊かな高齢期を生きる—

2011年10月20日　初版第1刷発行

■著　　者——林　春植
■翻 訳 者——宣　賢奎・住居広士
■発 行 者——佐藤　守
■発 行 所——株式会社 **大学教育出版**
〒700-0953　岡山市南区西市855-4
電話（086）244-1268　FAX（086）246-0294
■印刷製本——モリモト印刷㈱



ISBN978-4-86429-079-1